Mai 2006

Liebster Papa,

zu deinem Geburtstag die herzlichsten Glückwünsche. Dieses Buch ist sicherlich etwas für dich! :)

Von ♥en,

Susanne & Jan

Willigis Jäger

27 Perlen der Weisheit

Fotos von Gerd Aumeier
Herausgegeben von Keiko Nimura-Eckert

1. Auflage 2004
Verlag Via Nova, Neißer Straße 9, 36100 Petersberg
Telefon und Fax: (0661) 62973
E-Mail: info@verlag-vianova.de
Internet:
www.verlag-vianova.de
www.transpersonal.com

Umschlag: Klaus Holitzka, 64756 Mossautal
Gestaltung: typo-service kliem, 97647 Neustädtles
Druck und Verarbeitung: Rindt-Druck, 36037 Fulda
© Alle Rechte vorbehalten
ISBN 3-936486-44-1

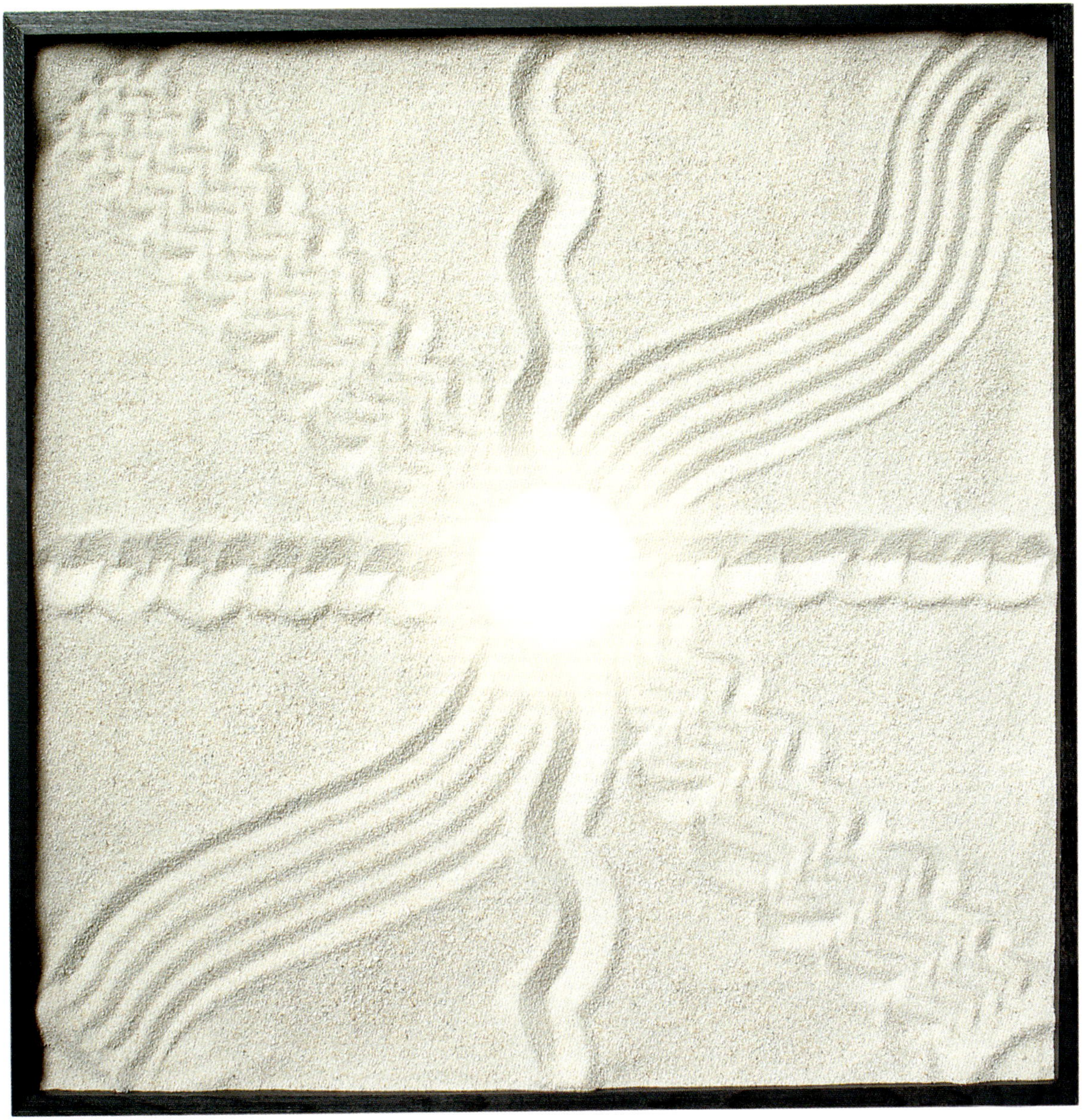

Inhaltsverzeichnis

Danksagung   8

Vorwort   10

1. Das Leben
   Was wollten Jesus und Buddha uns vermitteln?   12

2. Der Tod
   Was bedeutet es, den Tod anzunehmen?   16

3. Grenzen der Ratio
   Ist die ganze Wirklichkeit mit dem Verstand zu erfassen?   20

4. Religiosität
  Was ist Mystik? 24

5. Religion
  Außer den großen Weltreligionen gibt es unzählige andere Religionen
  auf der Erde. Braucht der Mensch noch Religion? 26

6. Esoterik und Exoterik
  Was unterscheidet die verschiedenen Religionen voneinander? 30

7. Evolution
  Wie hat sich das menschliche Bewusstsein entwickelt und wie
  beeinflusst es die Religion? 34

8. Schlummernde Möglichkeiten
  Auf welcher Entwicklungsstufe befindet sich unser Bewusstsein heute? 36

9. Das Ich
  Was ist das Ich? 38

10. Balanceakt
  Was haben wir als Menschen in unserem Leben zu leisten? 40

11. Emotionen
  Was kann ich tun, um mich nicht von Gefühlen beherrschen zu lassen? 44

12. Einsamkeit
  Warum fällt es uns so schwer, die Grenzen der Einsamkeit
  zu sprengen? 46

13. Krise
   Wo können wir Geborgenheit und Heil suchen in diesem
   leidbeladenen Leben unserer modernen Gesellschaft?   50

14. Übung mit dem Atem
   Wie beginne ich einen spirituellen Weg?   54

15. Junge Menschen und alte Menschen
   Ist es auch für Kinder und Menschen in hohem Alter möglich,
   den spirituellen Weg einzuüben?   56

16. Meditation als Heilweg
   Meditation – worum geht es eigentlich?   58

17. Ritus
   Wozu dienen Rituale?   60

18. Die Weisheit des Körpers
   Wie kommt in den Religionen die körperliche Dimension der
   Spiritualität zum Tragen?   64

19. Symphonie
   Erzähl mir von Gott!   66

20. Mystisches Sterben
   Was versteht man unter der „Kunst des Sterbens"?   68

21. Mysterium des Bösen
   Wie stellt sich das „Böse" aus der Sicht der Mystik dar?   72

22. Selbsttranszendenz
   Hat der Mensch Zukunft? 74

23. Leerheit und Weisheit
   Woher kommt Weisheit? 78

24. Die Moral
   Auferstehung, Wiedergeburt oder…? 80

25. Das Gebet
   Wird ein Engel meine Bitte erhören? 82

26. Alltag
   Wenn man sich auf den spirituellen Weg begibt – wie verändert sich
   dann der Alltag? 84

27. Der Holzhacker
   Geh tiefer in den Wald! 86

Nachwort von Willigis Jäger
Spiritualität in Ost und West 90

Danksagung

Meinen Dank möchte ich Pater Willigis Jäger für seine Zustimmung und Ermutigung zu diesem Büchlein sowie Gerd Aumeier für die photographische Gestaltung aussprechen. Für ihre wertvollen Anregungen und Unterstützungen danke ich Elsbeth Herberich, Blandina Förster, Gesine Krukenberg, Traudel Pieringer-Müller, Agnes Fink-von Hoff, Franz Grambihler, Emiko Ōgishi und vor allem Bruni Haag. Nicht zuletzt geht mein Dank an den Verleger Werner Vogel, der bei diesem Büchlein „Geburtshilfe" leistete.

Keiko Nimura-Eckert

Erzähl mir von Gott,
fragte man den Mandelbaum.
Da fing er an zu blühen.

Ostasiatische Weisheit

Vorwort

Erst in meinem 52. Lebensjahr stieß ich als Japanerin in Deutschland auf Zen. Es war vor etwa zwölf Jahren, als mich nach dem plötzlichen Tod meines Mannes einige „Zufälle" zu dem Zenmeister Willigis Jäger führten. Er war zwölf Jahre lang Schüler eines japanischen Zenmeisters gewesen, hatte davon sechs Jahre in Japan verbracht und von seinem Meister Yamada Koun „Inka" erhalten, d. h. die volle Beauftragung, Zen in Europa zu lehren. Ich wurde seine Schülerin.

Verwundert stellte ich schon damals fest, dass Zen in Europa fast lebendiger war als in Japan. Und heute praktizieren hier immer mehr Menschen, auch jüngere und berufstätige, ernsthaft Zazen und Kontemplation. In der Tat kann man bereits von einer Form der Inkulturation des Zen in die westliche Welt sprechen.

Aus den Schriften und Vorträgen meines Lehrers begann ich, einiges zusammenzustellen, was mir als Japanerin wichtig erschien. Daraus ist eine Sammlung von Beiträgen entstanden, aufgereiht zu einer Kette. 27 ist die Zahl der Perlen einer buddhistischen Gebetskette, und daher möchte ich dieses Büchlein einfach „27 Perlen der Weisheit" nennen. Ich habe vor, es auch ins Japanische zu übersetzen, in der Hoffnung, dass die suchenden Menschen in meinem Heimatland in ihm Mut und Trost finden mögen, so wie es mich bis heute helfend begleitet.

Gasshō

Im Herbst 2003
Keiko Nimura-Eckert

1 Das Leben

Was wollten Jesus und Buddha uns vermitteln?

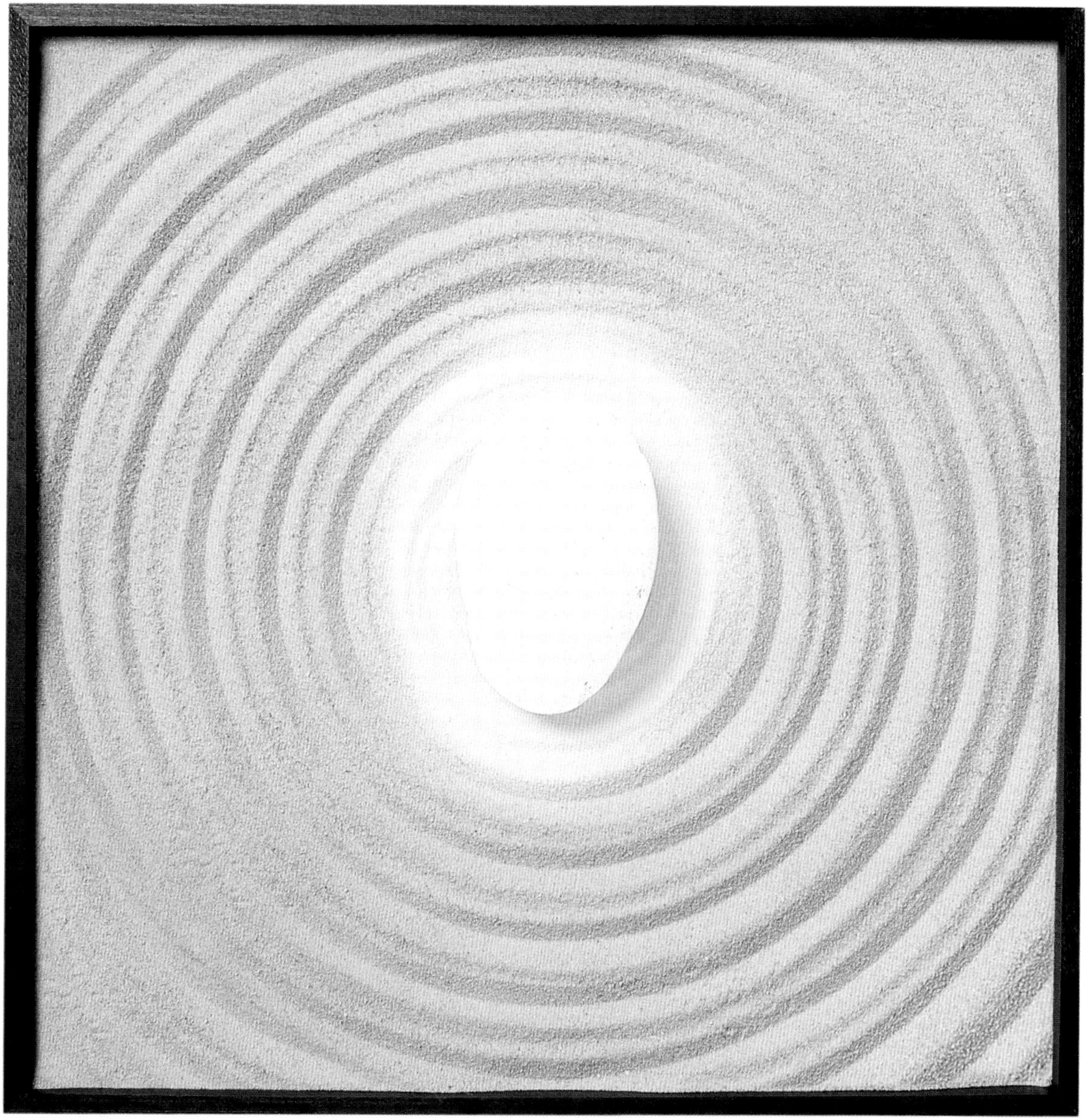

Am Tag seiner Erleuchtung erkannte Shakyamuni Buddha, dass alle Wesen die Wesensnatur haben, die man später „Buddhanatur" nannte. „Das Reich Gottes ist mitten unter euch." Mit diesen Worten wollte Jesus genau das Gleiche vermitteln. Das Reich Gottes, göttliches Leben ist hier und jetzt, es ist in uns und möchte gelebt werden.

„Leben" ist ein geeigneter Begriff, um die Wirklichkeit, die wir „Gott" nennen, zu kennzeichnen. Denn auch das Leben entzieht sich unserem Zugriff. Wir wissen weder, woher es kommt, noch wohin es geht. Leben ist überall und nirgendwo. Es zeigt sich in jedem einzelnen Lebewesen, aber es ist immer auch mehr als ein Lebewesen. Das Leben kommt und geht mit dem Lebewesen und ist doch unfassbar. Genauso ist es mit der „Ersten Wirklichkeit". Sie ist da, ist aber nur greifbar in der Form, die sie sich gibt. Sie selbst ist Leerheit, die der Form bedarf, um zu erscheinen. Denn ohne Leerheit könnte es auch keine Form geben, da die Form immer Form der Leerheit ist. Die erste Wirklichkeit manifestiert sich im Gras als Gras, im Baum als Baum und im Menschen als Mensch. So lehrt das Herz-Sutra: „Form ist nichts anderes als Leere, Leere nichts anderes als Form."

Die ständige Veränderung ist das eigentliche Wunder des Lebens. Geborenwerden und Sterben sind die Vollkommenheit des Lebens. Himmel ist nicht eine statische Existenz irgendwann in ferner Zukunft. Himmel ist, die Vollkommenheit dieses kosmischen Tanzes von Geborenwerden und Sterben als das Leben selber zu erfahren und zu akzeptieren.

Das Reich Gottes in seiner Ganzheit seiner Zeit zu verkünden war Anliegen von Jesus. Darin finde ich auch die Antwort auf die Frage der Menschen von heute.

2 Der Tod

Was bedeutet es, den Tod anzunehmen?

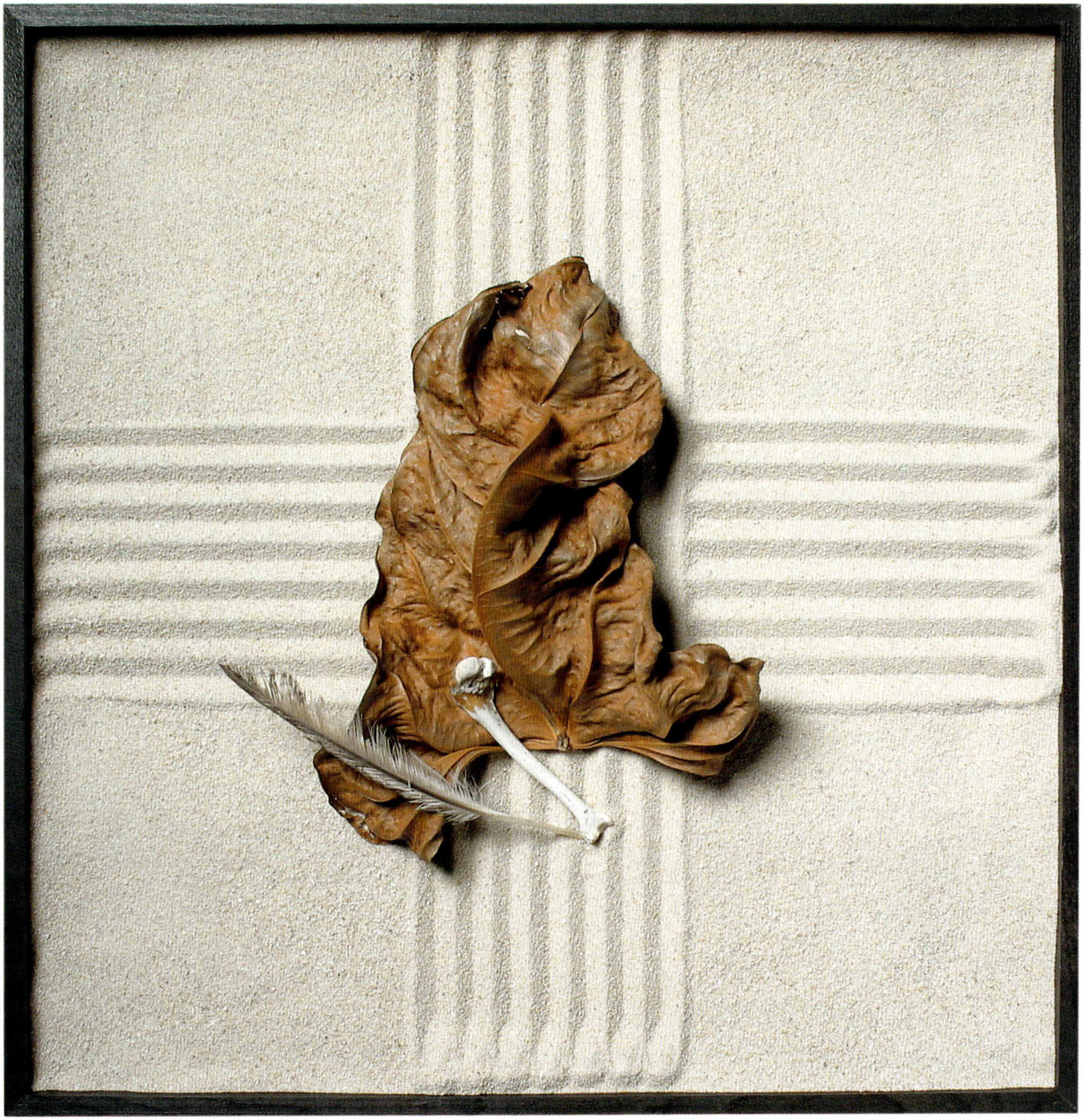

Nichts ist beständig, nichts hat Dauer. Obwohl wir diese Tatsache der Verwandlung ständig vor Augen haben, wollen wir sie nicht akzeptieren. Bäume blühen, Blätter fallen, Jahreszeiten kommen und gehen, aus Abfällen blüht wieder Leben.

Unser Ich wehrt sich mit allen Raffinessen gegen die Veränderung. Der Schock der ersten grauen Haare wird kompensiert durch Färbung. Nach dem 40. Lebensjahr werden die Geburtstage immer peinlicher. Wir Menschen sind in einen nicht endenden Kampf gegen alles verstrickt, was nicht bleibt. Und weil das ein aussichtsloser Kampf ist, sind wir voller Ängste. Wir suchen Sicherheit in unserer Arbeit, stürzen uns in hektische Betriebsamkeit und meinen, wir müssten etwas Großes zurücklassen, wenn wir einmal sterben. Das gibt uns das Gefühl von Beständigkeit. Wir glauben auch, es gäbe einen Gott, der uns am Ende doch dafür Permanenz und Ewigkeit in einem Himmel garantiert. Dieses Ich möchte ewig leben.

Es klingt merkwürdig, aber wir wenden uns gegen das Leben, wir wenden uns gegen die Vollkommenheit des Lebens, wenn wir den Tod aus unserem Bewusstsein ausklammern. Leben und Tod sind nur scheinbar Gegensätze, die sich gegenseitig ausschließen. In Wirklichkeit sind sie – wie der positive und negative Pol des elektrischen Stroms – nur zwei verschiedene Aspekte ein und derselben Lebensdynamik. Und das Nichtvorhandensein des einen würde das Verschwinden des ganzen Systems bedeuten.

Diese unsere menschliche Form wird zerbrechen. Eine wirkliche mystische Erfahrung führt jedoch zu der Einsicht, dass es den Tod gar nicht gibt: Das, was stirbt, ist lediglich die Form, in der sich das Eigentliche ausdrückt. Geborenwerden und Sterben sind nichts anderes als Anfang und Ende einer Manifestation der Ersten Wirklichkeit. Diese selbst bleibt davon vollkommen unberührt. Jeden Augenblick vollzieht sich in der Evolution ein Geborenwerden und Sterben. Gott ist Kommen und Gehen. Den Tod anzunehmen bedeutet, das Kommen und Gehen Gottes anzunehmen.

3 | Grenzen der Ratio

Ist die ganze Wirklichkeit mit dem Verstand zu erfassen?

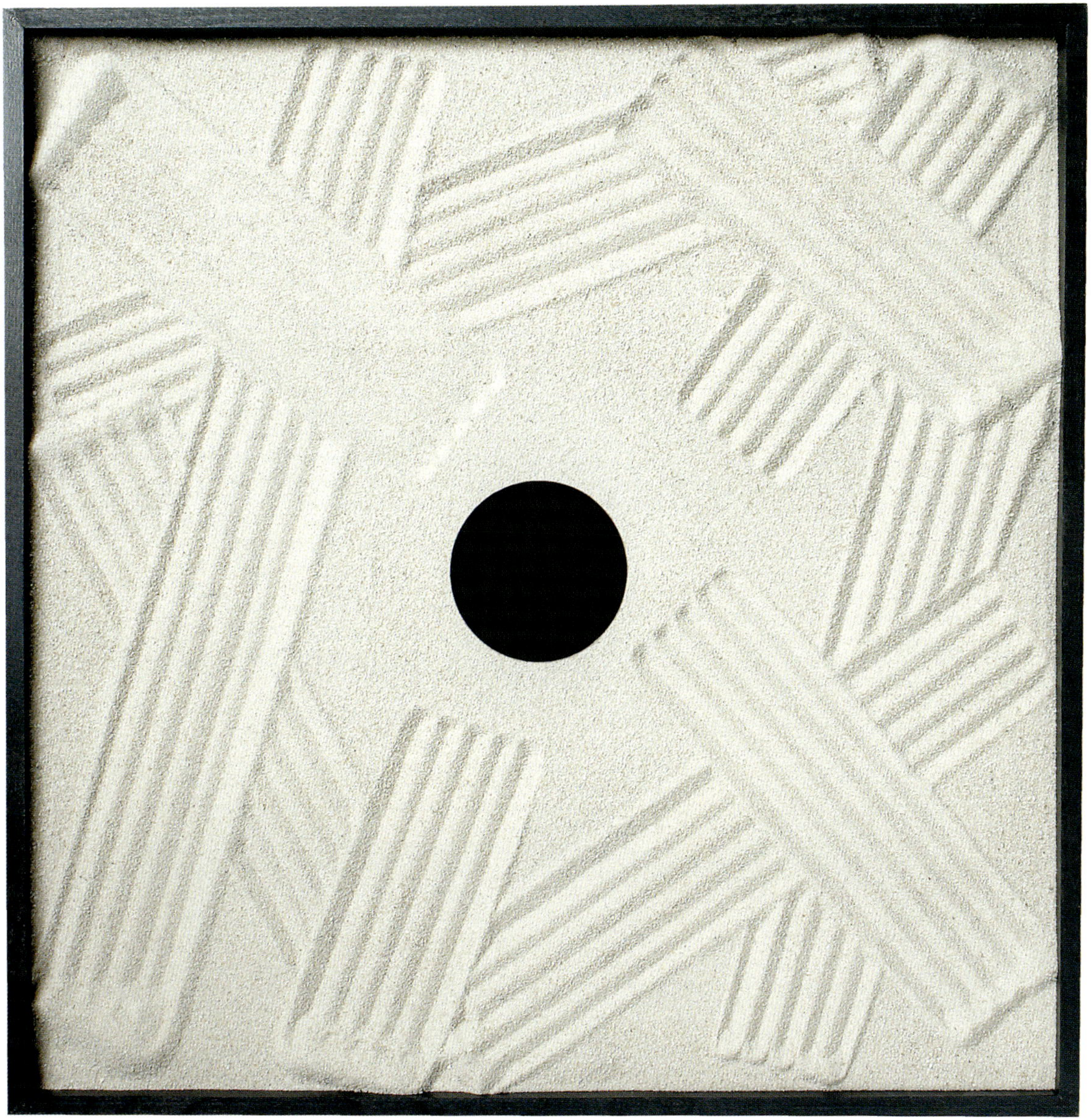

Dass wir Menschen über uns selbst nachdenken können, ist Kennzeichen unserer Spezies. Über uns nachdenken heißt aber unweigerlich, über den Sinn des Lebens nachdenken – über Leid, Tod und Weiterleben.

Das alte Weltbild und das bisherige Glaubensgebäude tragen bei vielen Menschen nicht mehr. Längst hat uns die Astrophysik aufgeklärt, dass wir Menschen nicht der Nabel der Welt sind. Unsere Erde ist ein Staubkorn am Rande des Weltalls, beheimatet in einer relativ kleinen Milchstraße, von denen es viele Milliarden gibt. Dieses Weltall begann wahrscheinlich mit einem Urknall und dehnt sich seither mit nahezu Lichtgeschwindigkeit aus. Und man vermutet, dass dieses Weltall nach unvorstellbar langen Zeiten wieder zu einem Punkt zusammenschmilzt. Wir sind dabei, auch den Mikrokosmos zu erforschen. Wir können das Atom spalten und fürchterliche Folgen heraufbeschwören. Wir können das Leben auf diesem Erdenschiff vernichten. Wir haben andere subatomare Teilchen gefunden, wie etwa die Quarks. Von ihnen können wir nicht mehr unbedingt angeben, wo sie sich befinden und mit welcher Geschwindigkeit sie sich bewegen, ja, wir können die Grenze von Materie und Energie nicht mehr unterscheiden, da diese Teilchen abwechselnd als Materie oder Energie auftreten.

Die Welt ist offensichtlich a-rational organisiert, und ihre innere Struktur hat nichts zu tun mit intellektuellen Überlegungen. Anders ausgedrückt: sie hat Dimensionen, die rational nicht mehr fassbar sind. Die moderne Physik definiert die Welt als mehrdimensional. Das rationale Bewusstsein aber betrachtet das Universum in der ihm eigenen begrenzten Art und Weise. So können wir mit ihm nur drei Dimensionen wahrnehmen, die übrigen sind offensichtlich nur mit anderen Bewusstseinsformen erfassbar.

Es gibt Formen des Verstehens, die über unsere Logik und Rationalität hinausgehen und daher eine Möglichkeit bieten, Wirklichkeitsdimensionen zu erschließen. Immer mehr Naturwissenschaftler akzeptieren die Beschränktheit des logisch-rationalen Zugangs und entdecken die Mystik als Chance zum besseren Verstehen des Kosmos.

4 | Religiosität

Was ist Mystik?

Mystik ist der Name für eine transkonfessionelle Spiritualität. Sie meint nicht so sehr Religion als vielmehr Religiosität. Und diese Religiosität ist ein Grundzug unserer menschlichen Natur. Es ist die uns zutiefst eigene Tendenz, uns zum Ganzen hin zu öffnen. Diese Selbst-Tendenz teilen wir mit allen Lebewesen, denn sie ist die treibende Kraft der Evolution.

Wer die Spezies Mensch für den Mittelpunkt des kosmischen Geschehens hält, wird mit der Beschreibung mystischer Erfahrung immer in Schwierigkeiten geraten. Die Ratio muss nämlich eine vordergründige, personenhafte Struktur festhalten, weil sie die Welt nicht anders deuten kann. Rationalität ist jedoch nur „ein Computer-Programm". Eine Zen-Weisheit sagt: „Mit der Ratio schaust du wie durch ein Schilfrohr zum Himmel." Mystische Erfahrung dagegen ist umfassender. Sie überschreitet das dualistische Gegenüber. Die Ratio kann das nicht begreifen und daher auch nicht annehmen.

Unsere Glaubensvorstellungen wurden entworfen, als man noch glaubte, die Erde sei eine Scheibe und die Sterne Löcher im Firmament. Wir können heute, im 21. Jahrhundert, nicht mehr von Gott reden, wie das noch im 19. Jahrhundert möglich war. Was ansteht, sind Antworten auf elementare Fragen: Die Sinnhaftigkeit des Menschen im evolutionären Geschehen des Kosmos. Wenn eine Spezies Geist erreicht hat, verlangt sie Antworten auf Fragen nach dem Sinn ihrer Existenz und nach dem Woher und Wohin. Religionen sind Modelle, an denen wir Menschen versuchen, im kosmischen Geschehen unseren Platz zu definieren.

Wir Menschen haben uns eine Ahnung davon bewahrt, dass es einen Platz gibt, wo alle Fragen eine Antwort finden. Immer mehr Menschen machen sich auf die Suche nach diesem Platz. Ich gehe mit diesen Menschen einen spirituellen Weg, der in die Erfahrung dessen führt, was die heiligen Bücher der verschiedenen Religionen verkünden, den Weg der Mystik.

5 | Religion

Außer den großen Weltreligionen gibt es unzählige andere Religionen auf der Erde. Braucht der Mensch noch Religion?

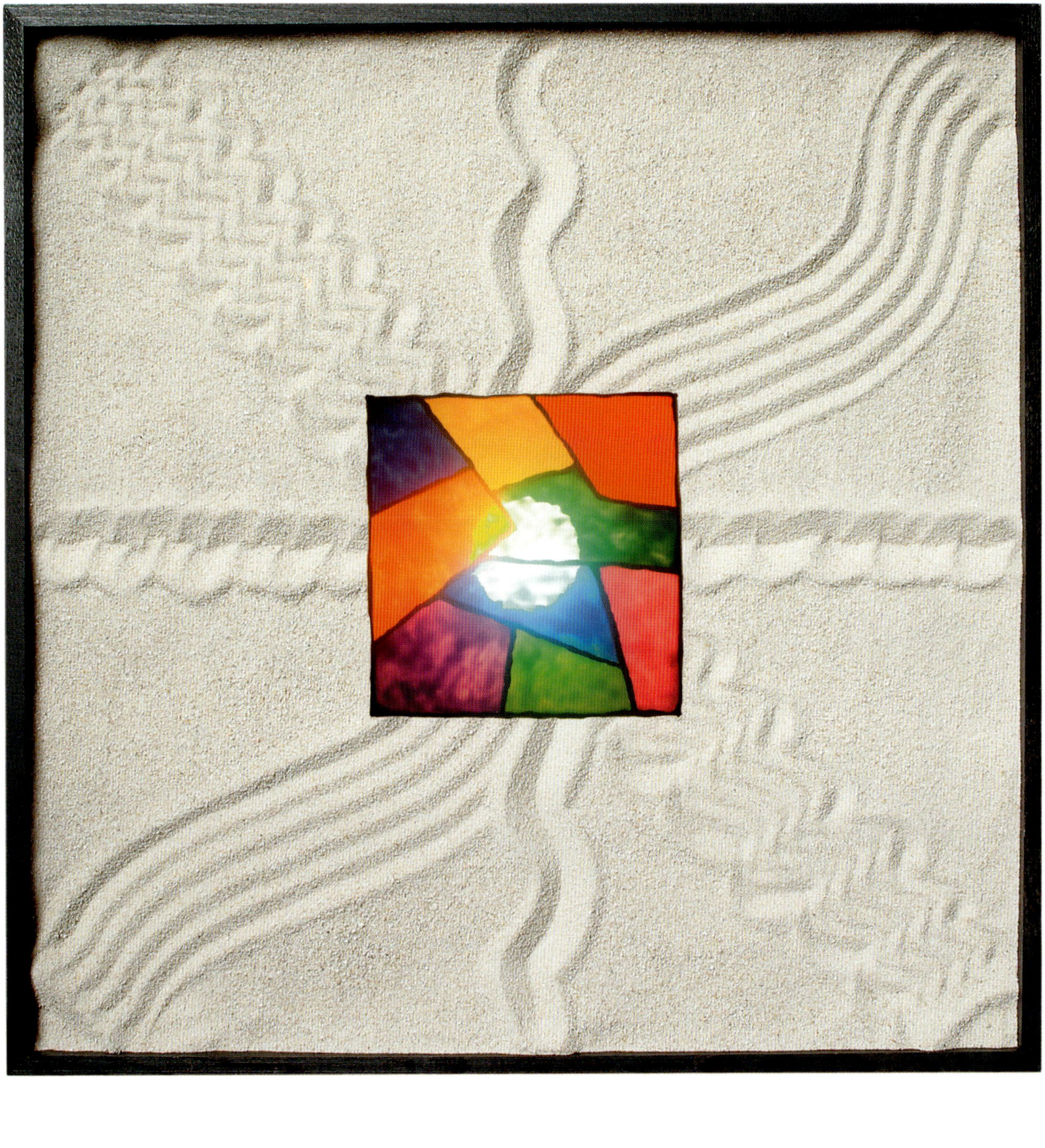

Religionen sind wie schöne, bunte Kirchenfenster. Sie geben dem Licht, das durch sie hindurchscheint, eine bestimmte Struktur. Scheint kein Licht, sind sie dumpf und nichtssagend. Deshalb ist das Licht das eigentlich Entscheidende. Das Licht aber können wir mit unseren Augen nicht sehen. Licht macht sichtbar, ist selber aber unsichtbar. Sichtbar wird es nur, wenn es in Farben zerlegt und strukturiert wird.

Eine Religion ist zu vergleichen mit dem Mond, der die Erde bei Nacht erleuchtet, sein Licht aber von der Sonne erhält. Wenn der Mond zwischen Sonne und Erde tritt, gibt es eine Sonnenfinsternis. Ähnlich ist es mit der Religion. Die Sonne ist das Göttliche. Es strahlt die Religionen an, damit es dem Menschen auf seinem Weg in dunklen Stunden leuchte. Wenn sich aber die Religion zu wichtig nimmt und zwischen Gott und den Menschen schiebt, verdunkelt sie Gott. Es gibt eine Gottesfinsternis.

Religionen sind die verschiedenen Klimazonen, die an den Nord-, Süd-, Ost- oder Westhängen des Berges herrschen. Wer den Anstieg beginnt, kennt zunächst nichts anderes als seine Umgebung. Er ahnt nicht, dass er letztlich in einen Bereich steigen wird, an dem sich die Wege einander annähern. Und am Ende, wenn er die Wolken durchstiegen hat und in die Gipfelregion gelangt, sieht er, dass alle die vielen Gipfelsuchenden immer am selben Berg unterwegs waren und dasselbe Ziel vor Augen hatten. So sind Religionen Weggemeinschaften von Menschen, die eine Antwort auf die Sinnfrage ihres Lebens suchen.

Jesus wollte keine Religion gründen. Buddha wollte keine Religion gründen. Nachfolger haben die Erfahrung ihrer Meister in Formen gebracht und institutionalisiert. Das scheint mir ein fast zwangsläufiger Vorgang zu sein. Denn das Göttliche, das in spirituellen Erfahrungen erlebt wird, drängt dazu, in Gestalt von Ritualen und Theologien zum Ausdruck gebracht zu werden.

Das wahre Wesen des Menschen ist göttlicher Natur. Es ist nicht nur bezogen auf die göttliche Natur, diese offenbart sich vielmehr als unsere menschliche Struktur. Religion sollte dem Menschen helfen, dieses sein wahres Wesen zu erfahren.

6 Esoterik und Exoterik

Was unterscheidet die verschiedenen Religionen voneinander?

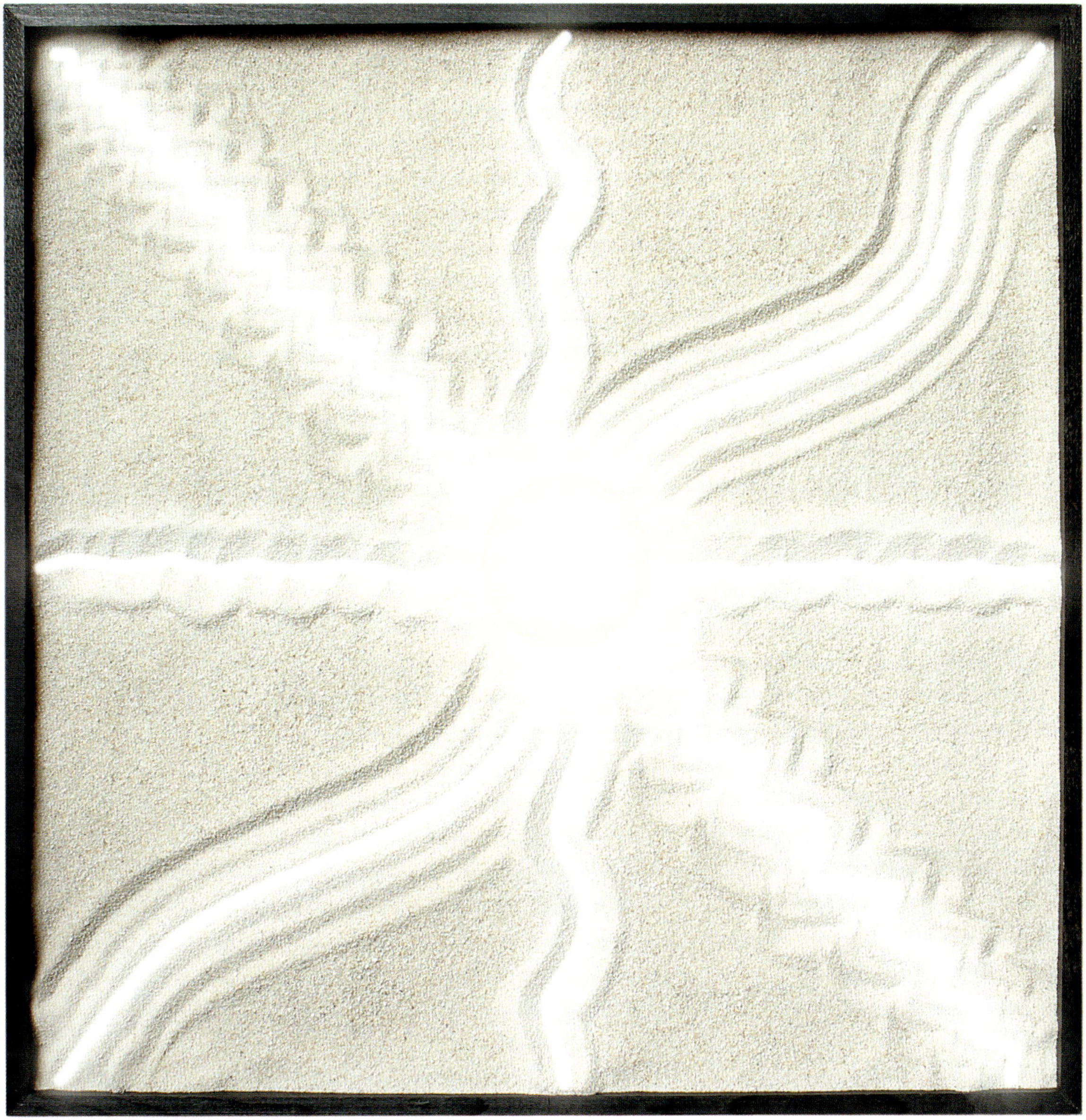

Der Unterschied in der Religion verläuft für mich nicht so sehr zwischen den einzelnen Religionen, also nicht zwischen Christentum, Buddhismus, Islam und Hinduismus – um nur die großen zu nennen –, sondern zwischen esoterischer und exoterischer Spiritualität. Mit dem Wort Esoterik benenne ich eine Spiritualität, die auf Erfahrung zielt und in diesem Ziel auch den Sinn der Religion sieht. Mit Exoterik bezeichne ich eine Spiritualität, die auf Schriften, Dogmen, Ritualen und Symbolen beruht.

    Der fundamentale Unterschied in den Religionen besteht also nicht zwischen den Lehren und Riten der einzelnen Religionen, sondern zwischen ihrer esoterischen oder exoterischen Spiritualität. Der Schnitt verläuft horizontal, nicht vertikal. Ich möchte das mit einem Bild anschaulich machen:

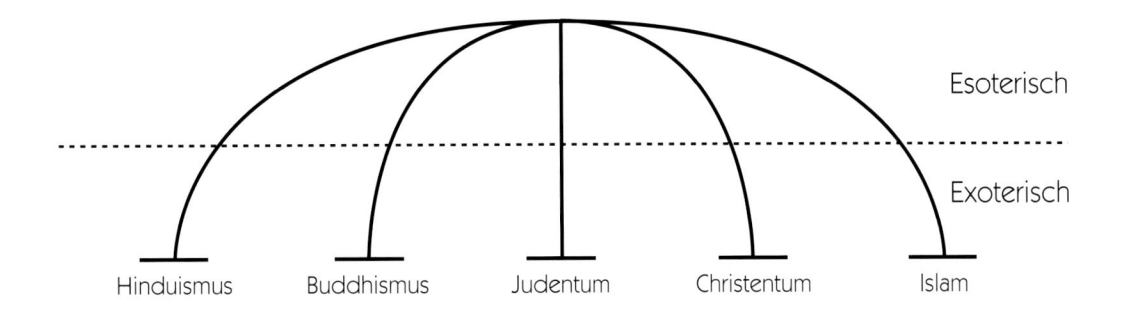

```
                          Esoterisch
        - - - - - - - - - - - - - - - -
                          Exoterisch

  Hinduismus  Buddhismus  Judentum  Christentum  Islam
```

Die Konfessionen sind Anlaufstellen; sie sind Schwellen, über die viele Menschen auf den spirituellen Weg gelangen. Darin haben sie ihren Wert, der nicht dadurch geschmälert wird, dass man auf dem Weg irgendwann an einen Punkt kommt, an dem die Konfessionen überschritten werden, was auch als Hinüberschreiten von Exoterik auf Esoterik gekennzeichnet werden kann. Damit – das möchte ich ausdrücklich betonen – ist keinem Synkretismus das Wort geredet. Ganz im Gegenteil: Die Religionen sollen nebeneinander bestehen bleiben. Wir brauchen die vielen „Glasfenster", die uns auf der rationalen Ebene etwas sagen über das Licht dahinter.

Ich habe erst durch meine langjährige Zen-Praxis erkannt, dass die christliche Mystik in ihrem Kern genau das Gleiche lehrt wie die Zen-Schulen. Mit anderen Worten, erst über den Umweg nach Japan habe ich die Schätze der eigenen christlichen Tradition kennen und schätzen gelernt. – Ich treffe in Japan und auch in Deutschland immer mehr Menschen, die von einer tiefen religiösen Sehnsucht getrieben sind, ohne sich zu einer Religion zu bekennen. Vielleicht entwickelt sich Religion in diese Richtung.

7 | Evolution

Wie hat sich das menschliche Bewusstsein entwickelt und wie beeinflusst es die Religion?

Evolution ist ein Prozess des einen, allumfassenden Lebens mit kontinuierlichem Erscheinen und Verschwinden.

Vor 4,5 Milliarden Jahren bildete sich unser Sonnensystem. Das erste Leben erschien vor 600 Millionen Jahren auf der Erde. Vor 370 Millionen Jahren kroch ein Reptil aus dem Wasser, von dem die Wirbeltiere abstammen. Und vor 3–5 Millionen Jahren hat sich der Mensch aus einer Affenart entwickelt.

Auch unser Bewusstsein hat sich entfaltet. Es evolvierte aus einem Vorbewusstsein in ein magisches Bewusstsein, von da in ein mythisches und schließlich ins mentale Bewusstsein, mit dem wir heute da sind (Gebser).

Zur Evolution gehört auch Religion. Sie entwickelte sich mit der Entfaltung des menschlichen Bewusstseins. Nachdem der Mensch vom „Baum der Erkenntnis" gegessen und sich zum Geistträger entwickelt hatte, war er fähig, zwischen gut und böse zu unterscheiden. Und in diesem Augenblick erkannte er, dass er nackt war. Das hat nichts mit Kleidung zu tun. Es will vielmehr sagen, er war hinausgeworfen in die Einsamkeit des Ich. Ursünde ist nicht der Fall von einem höheren Bewusstseinszustand in einen unvollkommeneren, sondern das Erwachen aus der Dumpfheit des Vorbewusstseins in eine Ich-Erfahrung. Das war ein großer Fortschritt in der Evolution, zog allerdings auch die Belastung nach sich, die mit dieser Ich-Erfahrung verbunden ist, nämlich die Erfahrung von Krankheit, Leiden, Schuld und Tod. Bis dahin lebte der Mensch gleichsam das Leben der Blumen und Tiere. Bei der Ich-Werdung wurde er aus der kindhaften Einheit mit Gott vertrieben, das heißt, er hat sich von Gott, von seinem wahren Wesen abgewandt. Sünde ist so gesehen nicht das jeweilige Vergehen einzelner Menschen, sondern der Preis, den die Menschheit in diesem evolutionären Prozess für ihre Individuation zu zahlen hat.

Die Evolution schreitet voran. Wir wissen heute, dass es in der Evolution nicht nur auf Stärke ankommt, sondern auch auf die Fähigkeit zur Anpassung und Kooperation. Nicht nur der mit dem größten Gebiss und dem giftigsten Stachel hat sich durchgesetzt, sondern das Biotop – lebendige Systeme, die miteinander harmonieren und gleichzeitig die Möglichkeit besitzen, sich zu öffnen und zu transzendieren.

8 | Schlummernde Möglichkeiten

Auf welcher Entwicklungsstufe befindet sich unser Bewusstsein heute?

Wir erleben heute, dass uns das rationale Bewusstsein an eine Grenze führt. Wir erreichen eine Schwelle, die uns erlaubt, unser wissenschaftliches und technisches Begreifen weiter auszudehnen, das wir aber rational doch nicht überschreiten können. Damit sind wir aufgefordert, andere noch in uns schlummernde Potenzen freizusetzen.

Im Menschen warten Erkenntnismöglichkeiten, die ihm noch nicht bewusst sind. Unser Potenzial ist nur so weit aktiviert, wie es für das Überleben notwendig ist. Wenn sich die Voraussetzungen für das Überleben ändern, ist damit zu rechnen, dass neue, unbekannte Potenzen geweckt werden.

Die Lebensbedingungen auf unserem Globus haben sich in den vergangenen hundert Jahren rasch und dramatisch entwickelt. Wenn neue Technologien die Erde überschwemmen, wenn wir Menschen klonen und Roboter entstehen lassen, die unsere Arbeitskraft ergänzen, wenn die Weltbevölkerung die Zehn-Milliarden-Grenze übersteigt, wenn wir beginnen, eine pränatale Auslese zu betreiben, ist es fraglich, ob unsere bisherigen mentalen Kapazitäten ausreichen, diese Probleme zu bewältigen. Hier bleibt einzig die Hoffnung auf einen evolutionären Fortschritt im menschlichen Bewusstsein: dass unsere Spezies die Fähigkeit erschließt, neue Ebenen des Bewusstseins freizusetzen.

Wir gleichen Klavierspielern, die immer nur auf einer Oktave herumklimpern. Ein Klavier hat aber sieben Oktaven. So benutzen wir nur unsere intellektuellen und grobsinnlichen Fähigkeiten, während in der Tiefe unseres Bewusstseins Potenzen schlummern, die Wirklichkeit ganz anders erfassen und deuten können.

Warum aber sollte die Entwicklung nicht weitergehen? Und warum sollte nicht tatsächlich stimmen, was manche bereits ahnen, nämlich dass der Mensch im kosmischen Bewusstsein seine nächste Entwicklungsstufe erreicht?

9 Das Ich

Was ist das Ich?

Dass eine Spezies „ich" sagen kann, war ein gewaltiger Fortschritt in der Evolution. Vom psychologischen und spirituellen Standpunkt aus ist das Ich ein Organisationszentrum, das sich von unseren Konditionierungen herleitet, die wir uns im Laufe des Lebens angeeignet haben. Über viele Jahre hin bauen wir eine Identität auf. Im Grund gibt es keine individuelle Wesenheit. Es sind erlernte Konstrukte, die eine Persönlichkeit prägen. Elternhaus, Schule, Religion, Partner, Freunde, Ideale, Ängste, Wünsche, Vorurteile, Illusionen trugen dazu bei. Mit dieser Ansammlung von Mustern identifizieren wir uns. Wir verteidigen unser Ich mit Wut und Angst. Wir beurteilen es, verurteilen es bei uns und anderen. Wir sind stolz darauf und machen uns Schuldgefühle. Dadurch wird diese Illusion des Ich verstärkt.

Die Errungenschaft der Evolution, genannt „Ich", ist dabei, sich selber ad absurdum zu führen. Das Ich hat sich zu einem unglaublichen Egozentrismus und Narzissmus entwickelt. Das sind gefährliche Krankheiten für die Menschheit. Sie sind so gefährlich, dass unsere Spezies daran zugrunde gehen kann.

Die wirklichen spirituellen Wege versuchen uns zu sagen: Dieses Ich ist nichts Festes. Es sind lediglich Abläufe, die durch unser Gedächtnis zusammengehalten werden und uns Stabilität vorspiegeln. Es ist ein Organisationszentrum, das zu unserem Menschsein gehört, wie der Instinkt. Ohne dieses Zentrum wären wir keine Menschen.

Wenn aber der Mensch sich mit dem Universum als eins erfährt, ist in dieser Erfahrung kein Ich. Darum ist der vorausgehende Satz falsch, wenn er aus dem Ich heraus gesprochen ist. Er muss lauten: Das Universum erfährt sich als diese Struktur Mensch. Es erscheint eine Erfahrungsebene, auf der das Individuum zurücktritt. Dort ist nur noch diese schöpferische kosmische Leerheit, die identisch ist mit dem absoluten Bewusstsein. Alle Erscheinungsformen haben nur einen Akteur, einen Spieler, der alle diese Rollen spielt. Selbstständige Individuen sind nur eine Illusion.

10 | Balanceakt

Was haben wir als Menschen in unserem Leben zu leisten?

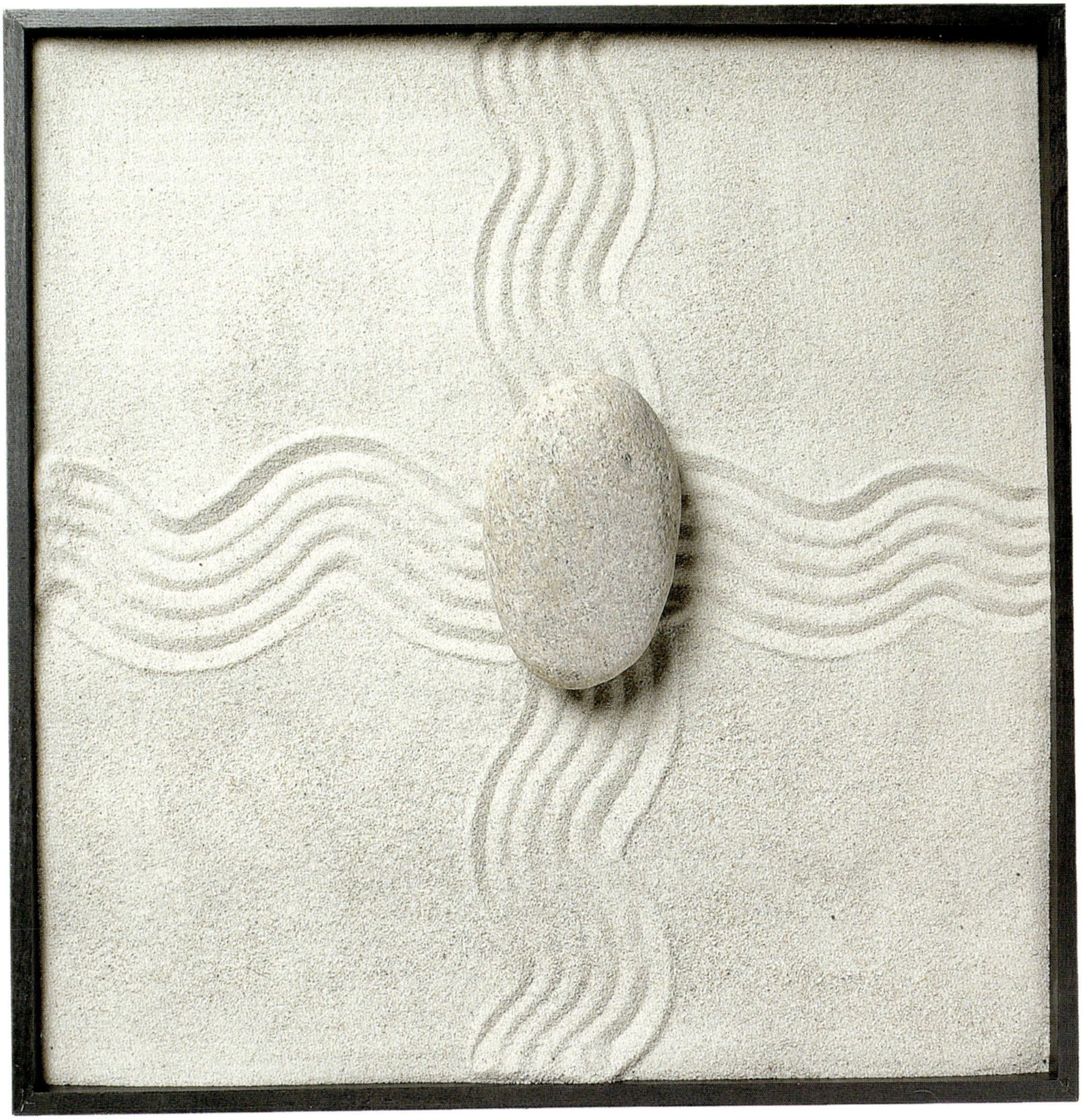

Wir tragen einen göttlichen Keim in uns, der durch alle Verkrustungen des Materiellen hindurch wachsen und sich offenbaren will. Der Mensch steht in einem kontinuierlichen Prozess der Befreiung aus einem eingrenzenden Ich. Seine fieberhafte Suche nach Sinn ist nichts anderes als jene heimliche Evolutionskraft des Göttlichen. Lange will der Mensch nicht wahrhaben, dass der Sinn in seinen tieferen Bewusstseinsschichten zu finden ist. Das volle Menschentum, zu dem wir heranreifen sollen, liegt wie ein Samenkorn in unserem Innern.

Entwicklung scheint aber immer mit Widerstand verbunden zu sein. Die Widerstände, auf die unser wahres Wesen bei seiner Entfaltung stößt, zeigen sich oft als Depression. Widerstände besitzen aber im Entwicklungsprozess des Menschen und der Natur eine wichtige Funktion. Eine Eichel, zum Beispiel, entfaltet ihre Dynamik erst, wenn sie der Dunkelheit, Feuchtigkeit und Beschwernis des Bodens ausgesetzt wird. Dann arbeitet sie sich ans Licht.

Widerstände sind auch notwendig für das Wachstum im Humanum. Wenn die Tendenz des Ich, Widerstand zu leisten, zu Festhalten und Handhaben nicht wäre, käme keine Kultur zustande. Wir leben in einem Koordinatensystem „Horizontale-Vertikale", und keine der beiden Koordinaten können wir ungestraft vernachlässigen. Das Ich hat uns auf die Koordinate des Materiellen zu ziehen. Wir dürfen uns aber weder im Materiellen noch im rein Geistigen verlieren. Das ist der Balanceakt, den wir als Menschen zu leisten haben.

Jesus vermittelt uns die Göttlichkeit nicht, er verkündet sie uns. Er ist gekommen, damit wir sie erkennen. Damit wir erkennen, dass das Reich Gottes in uns ist, dass wir Kinder Gottes sind, dass wir ewiges Leben in uns tragen. Genau das war auch die Erfahrung Shakyamunis. Alle Geschöpfe tragen von Anfang an die Wesensnatur in sich. Ich weiß sehr wohl, dass das Gesagte für jemand, der in einer richtigen Depression steckt, wie Hohn klingt. Ich weiß sehr wohl, dass das Gesagte für jemand, der um die Atombombe von Hiroshima weiß und um das Leid der von Krieg und Hunger und anderen Katastrophen heimgesuchten Menschen nicht ohne weiteres nachvollziehbar ist. Ich weiß aber auch, dass auf der Ebene der Erfahrung – aber nur dort – selbst Atombombe, Krieg, Hunger und Leid als der Vollzug des Göttlichen erfahren wird. Das ist rational nicht zu begreifen. Gott hat eine dunkle Seite, die wir nicht verstehen. Auf unserem spirituellen Weg versuchen wir, auf diese Ebene der Erfahrung zu gelangen, denn nur dort enthüllt das Leben in seiner ganzen Tragweite seinen Sinn. Und nur dort ist es möglich, unseren Standpunkt auf dem Koordinatensystem klar zu erkennen.

11 | Emotionen

Was kann ich tun, um mich nicht von Gefühlen beherrschen zu lassen?

Was wir unser Ich nennen, ist nichts anderes als der Schnittpunkt unserer Gedanken, Gefühle, Begierden und Emotionen. Der Weg der Kontemplation und des Zen lehrt uns, die Identifikation mit dieser unserer Ichstruktur zurückzunehmen.

Die Angst kann auf der Ich-Ebene durchaus existieren, Wut kann mich weiter plagen, gleichzeitig erfahre ich, dass mein eigentliches Wesen sehr viel tiefer liegt und von alledem nicht erschüttert werden muss. Ich lerne, Gefühle zuzulassen und zu haben, ohne von ihnen besetzt oder blockiert zu sein. Letztlich versuchen wir, diese Bewegungen unserer Psyche nicht zu verdrängen, sondern sie zu lassen. Lassen heißt aber nicht, dass wir sie loswerden wollen. Wir geben ihnen den richtigen Stellenwert in unserem Leben.

Wer Traurigkeit, Hoffnungslosigkeit, Wut und Angst loswerden will, wird davon nur wieder eingeholt. Bestenfalls verstecken sich diese Regungen tief im Unbewussten, wo ihnen nur schwer beizukommen ist, von wo aus sie stören. Wenn wir Angst oder Traurigkeit verdrängen, verkleiden sie sich und verstecken sich in irgendeinem Winkel der Psyche. Wenn sie dann wieder auftauchen, kommen sie mit einem ganz anderen Gesicht, etwa als Aggression, als Stolz, ja vielleicht sogar als Tugend, was uns eine Zeitlang täuschen kann.

Nicht wenige Menschen werden von Angst geplagt. Sie wissen nicht, woher sie kommt. Sag: „Ja, ich habe Angst." Was da ist, ist da. Schau hin, akzeptiere es, lass es kommen! Es gehört zu dir. Du schneidest dir ja auch nicht die Zehen ab, wenn sie dir wehtun. Versuche es einmal mit Traurigkeit: Nimm sie an, aber wälze dich nicht in ihr. Schau sie an. Traurigkeit kann ein guter Ausgangspunkt sein für die Übung. Nimm sie mit in deine Übung. Lass sie darin untergehen.

Emotionen müssen unbeirrt und standhaft durchlebt werden. Kein Kommentar, kein Wegziehenlassen, kein Verzerren. Gefühle sind wie Wolken, die über den blauen Himmel ziehen, ihn vielleicht verdunkeln, aber nicht verdecken.

12 | Einsamkeit

Warum fällt es uns so schwer, die Grenzen der Einsamkeit zu sprengen?

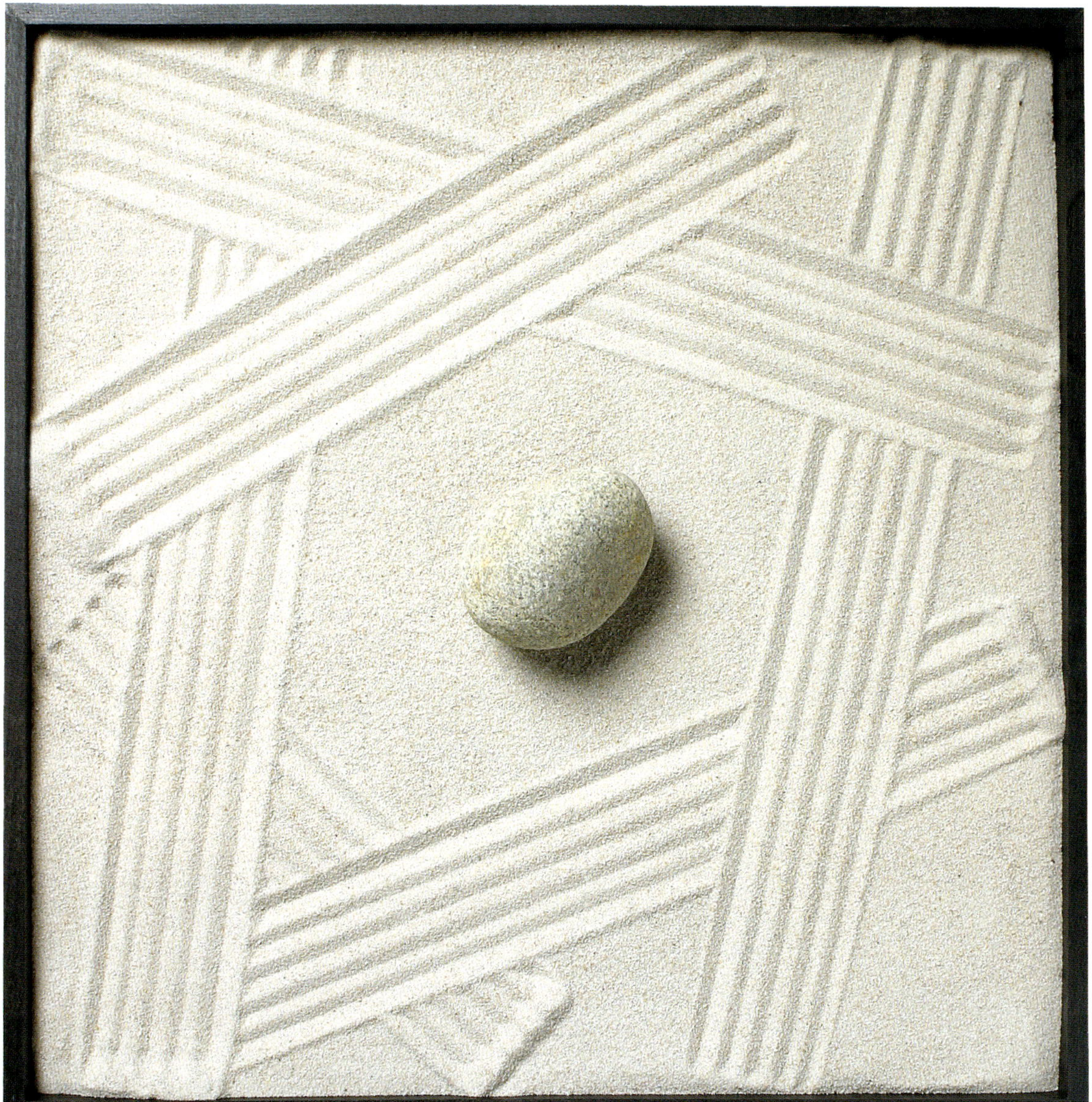

Wer heimatlos geworden ist – und das sind in der modernen Welt außerordentlich viele Menschen -, kann diese Heimatlosigkeit zum Anlass nehmen, sich auf die Suche nach der „ganz anderen Heimat" zu machen, zu seiner wahren Identität. Viele Scheinmöglichkeiten gibt es, das Problem der Einsamkeit zu lösen: Sex, Drogen, Flucht in die Unterhaltung ... Die Tragik liegt freilich darin, dass sich die angebliche Geborgenheit als Illusion entpuppt. Einsamkeit wird nicht dadurch gelindert, dass wir heute per Internet mit aller Welt kommunizieren können. Es findet dort zu wenig personale Begegnung statt, und diese allein ist es, die uns die Einsamkeit nehmen kann.

Das Kind projiziert diese Sehnsucht naturgemäß auf Mutter und Vater. Der junge Mann projiziert sie auf das Mädchen, das er liebt, und das Mädchen auf den jungen Mann. Wenn der Mensch aber erkannt hat, dass er seine Erfüllung nicht in Dingen und Menschen finden kann, beginnt er sie von Gott zu erwarten: Die letzte Projektion, die der Mensch vornimmt, ist meist die, die Erfüllung seiner Sehnsucht auf einen Gott zu projizieren, der irgendwo existiert, ihn lenkt, leitet und liebt. So wird Gott in der menschlichen Vorstellung oft zu einem Superwesen.

Wir haben eine Ahnung vom Ganzen behalten, aus dem wir kommen. Heimweh gibt es nur, weil man weiß, dass es eine Heimat gibt. Zudem spürt der Mensch das Defizit der Einsamkeit stärker als andere Wesen. Und so musste mit der Menschwerdung die Suche nach der eigentlichen Heimat beginnen, aus der wir kommen. Denn jede Hälfte braucht die andere, um sich als Ganzes zu erleben. Wir haben dieser unserer Sehnsucht einen Namen gegeben. Dieser Name ist Liebe. Liebe sprengt die Grenzen der Einsamkeit, in denen jeder Mensch gefangen ist. Sie befreit ihn zum Ganzen und Einen hin. Es scheint jedoch nicht einfach zu sein, uns dieser Liebe zu öffnen. Zu viele vordergründige Heilsversprechen stehen uns im Weg.

13 Krise

Wo können wir Geborgenheit und Heil suchen in diesem leidbeladenen Leben unserer modernen Gesellschaft?

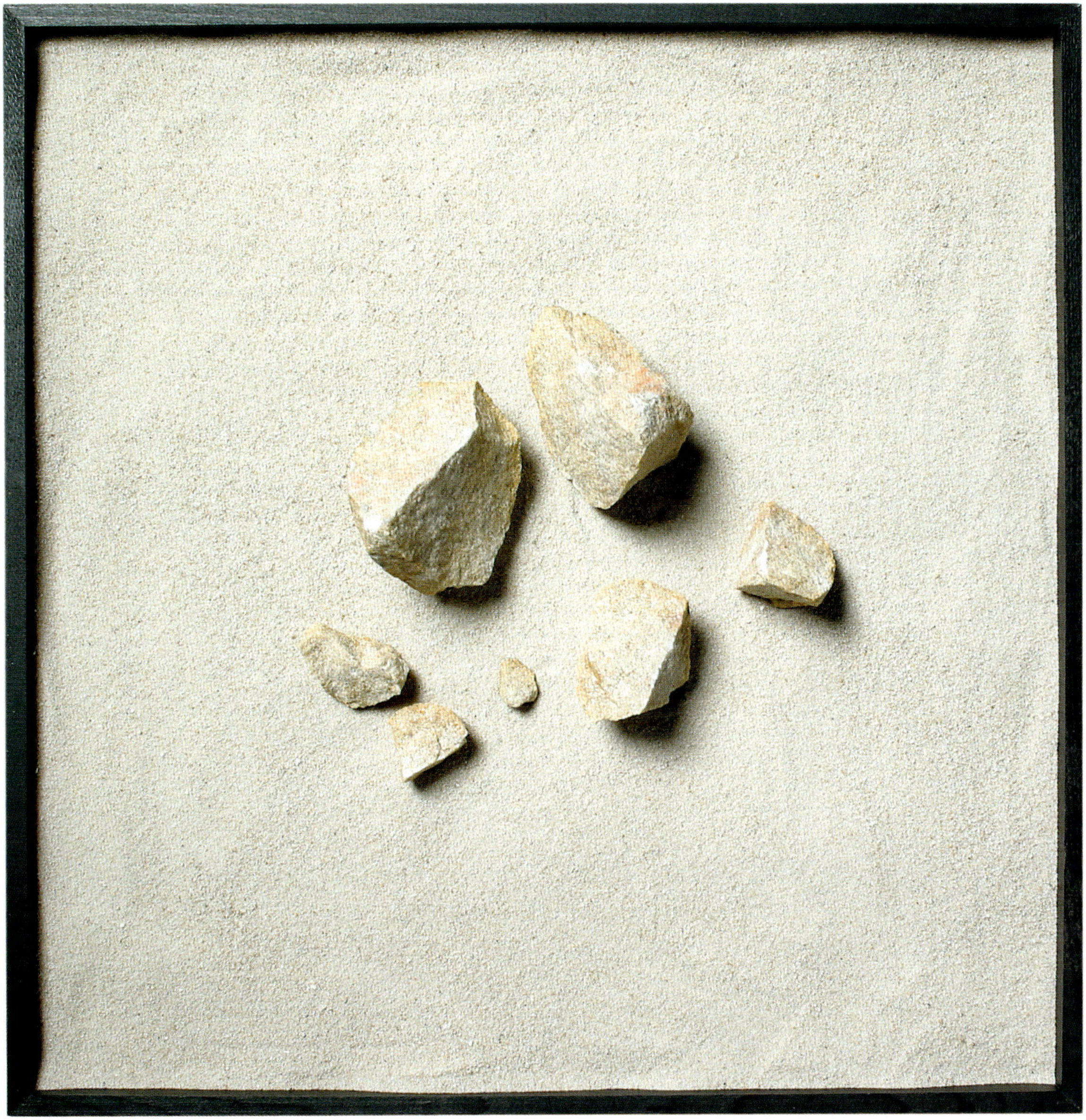

Krisen auf dem spirituellen Weg können zunächst einmal ganz konkrete Lebenskrisen sein, wenn ein Unternehmen Bankrott geht, eine Scheidung ansteht, ein lieber Mensch stirbt usw.

Eine Krise kommt aus der Frustration des Ich, wenn es nicht erreicht, was es unbedingt möchte, oder wenn es verliert, was es besaß. Daraus resultieren Redewendungen wie: Warum muss es mich treffen? Wie kann Gott so grausam sein? Eine spirituelle Krise wird es erst, wenn nach dem Sinn einer solchen Situation gefragt wird und damit nach dem Sinn des Lebens überhaupt.

In unserer Gesellschaft sind traditionelle Muster in Ehe und Familie teilweise in Auflösung begriffen. Gleichzeitig erleben wir eine rasante Beschleunigung aller Lebensprozesse. Die Menschen sind „ausgepowert" und unzufrieden. Das führt bei vielen schließlich zu körperlichen Leiden, wie der dramatische Zuwachs chronischer Krankheiten zeigt.

Krankheit führt den Menschen in eine Grenzsituation. Es entsteht eine fundamentale Verunsicherung. Aus Sicht der Mystiker ist jedoch „heil" sein wichtiger als „Krankheit" und „Gesundheit". „Heil" meint etwas anderes als Gesundheit und meint viel mehr als nicht krank sein. So kann ein kranker Mensch durchaus heil sein, während ein gesunder Mensch durchaus nicht heil sein kann. Ich habe glückliche Menschen im Rollstuhl getroffen und Unglückliche, die sich jeden Wunsch erlauben konnten. „Heil" bedeutet, den Sinn seines Lebens begriffen zu haben. Das eigene Leben kann auch dann sinnvoll sein, wenn die äußeren Umstände widrig sein. Deshalb meint Heil sinnhaft gelebtes Leben.

Heilwege sind zwar ganz verschieden, haben aber alle eines gemeinsam: Sie führen durch Krankheit und Leid, durch Angst, durch Sterben und Tod. Wir können natürlich fragen: Warum sind wir überhaupt in diesem widersprüchlichen und leidbeladenen Zustand, wenn wir „göttlicher Natur" sind? Darauf habe ich keine endgültige Antwort. Aber ich ahne, dass es einen Sinn hat. Das Ich-Bewusstsein scheint ein notwendiger Durchgang zu sein. Leid führt uns zu Gott, sagt die Mystik. Sie befreit uns von unseren Verhaftungen.

Geborgenheit und Heil kommen aus einem über alles Individuell-Personhafte hinausreichenden Bereich. „Wir sind Teil eines Größeren, Umfassenderen." Allein diese Erfahrung bringt Zuversicht und Heil auch in der Krankheit und in der Krise.

14 | Übung mit dem Atem

Wie beginne ich einen spirituellen Weg?

Es scheint, dass sich die Übungswege des Ostens und des Westens auf zwei Grundformen der Einübung zurückführen lassen: den Weg der Bewusstseinssammlung und den Weg der Bewusstseinsentleerung.

Der Weg der Bewusstseinssammlung besteht im Sammeln der psychischen Kräfte an einem Objekt oder Fokus, z. B. einem Wort oder einem Koan*. Setzt man die Übung des Verweilens bei diesem Objekt für längere Zeit fort, führt sie zu einer Ruhigstellung der Ego-Ebene.

Der Weg der Bewusstseinsentleerung führt zum Nichtreagieren des Bewusstseins. Man ist hellwach, bindet sich aber an keinen Gedanken. Was immer im Bewusstseinsfeld erscheint, wird wahrgenommen und dann losgelassen. So gleicht der Bewusstseinskegel einem Spiegel. Was immer vor ihn hintritt, wird reflektiert, und der Meditierende wird zunehmend fähig sein, alles, was im Bewusstseinsfeld erscheint, so zu sehen, wie es ist.

Fast alle spirituellen Wege empfehlen für den Anfang die Sammlung auf einen Fokus, um das unruhige und herumstreunende Bewusstsein zu binden. Meistens ist dieser Fokus der Atem. Der Atem sollte möglichst nur beobachtet und möglichst wenig gesteuert oder manipuliert werden. Eine entspannte Grundhaltung sollte die Übung begleiten. Das Ziel liegt im Eins-Werden mit dem jeweiligen Atemzug. Eins-Werden bedeutet: Am Anfang gibt es zwei – einen Beobachter und ein Beobachtetes, Ich und Atemzug. Am Ende der Übung soll beides zusammenfallen und nur noch Atem sein, bis auch der Atem überschritten wird.

Aber bis dahin kann es ein langer Weg sein, weil unser Ich immer neue Impulse des Denkens, Wollens und Fühlens hervorbringt. Das ist ganz normal, denn im Ich-Bewusstsein steckt unsere ganze Lebensdynamik, sie ist voller intellektueller Vorhaben und Erinnerungen, die ständig durchbrechen und sich in den Vordergrund schieben. Das ist am Anfang ungemein frustrierend und entmutigend. Aber beim Erlernen anderer Praktiken, etwa dem Erlernen eines Instrumentes, geht es uns ja nicht besser. Wer zum ersten Mal eine Violine in die Hand nimmt, wird sich auch lange Zeit abmühen müssen, bis ihm ein erster sauberer Ton gelingt. Eines Tages aber spielt man nicht mehr Noten ab, sondern „es spielt". Genauso ist es auf dem spirituellen Weg.

---

* Koan: Ein Koan ist eine Aufgabe, die sich jeder Lösung mit den Mitteln des Verstandes entzieht. Das Wesentliche eines Koan ist das Paradox, also das, was logisches Verstehen transzendiert.

15 | Junge Menschen und alte Menschen

Ist es auch für Jugendliche und Menschen in hohem Alter möglich, den spirituellen Weg einzuüben?

Es ist durchaus möglich, auch mit Jugendlichen spirituelle Übungen zu praktizieren. Dafür ist es wichtig, den jungen Menschen einen Zugang zu ermöglichen, der ihrer Mentalität und ihrem Lebensgefühl entspricht. Auch Stille muss eingeübt werden. Die Jugendlichen müssen lernen, mit der Stille umzugehen. Und das kann gar nicht früh genug beginnen. Deshalb finde ich es ausgesprochen ermutigend, wenn sich immer mehr Religionslehrer und -lehrerinnen dafür einsetzen, bereits in der Schule den Umgang mit der Stille einzuüben. Dabei zeigt sich, dass das Gros der Schüler und Schülerinnen sehr positiv darauf reagiert, wenn eine Schulstunde mit einer Zeit der Stille beginnt, wie das Religionslehrer oft praktizieren. Offenbar weckt die alltägliche Überfütterung mit Informationen eine Sehnsucht danach, auch einmal ruhig sein zu dürfen.

Die Ignoranz gegenüber spirituellen Wegen ist mit das größte Manko unseres Bildungswesens. Wir trainieren unseren Verstand fünfzehn oder zwanzig Jahre. Aber wir haben kein Curriculum, um Anlagen im Menschen zu entwickeln, die ihn in eine viel umfassendere Erfahrung führen können, als der Verstand vermag. Dabei zeigt sich die Jugend für den mystischen Weg oft offener als die ältere Generation.

Einen spirituellen Weg kann man in jedem Alter beginnen. Die einzige Voraussetzung, die erfüllt werden muss, ist der tiefe Wunsch, sich wirklich darauf einzulassen. Dieser Wunsch kommt häufig in Umbruchphasen auf, wenn der Einzelne am Ende seines Berufslebens steht. Er fragt dann oft noch einmal nach dem Sinn des Lebens. Auch erlebe ich es oft, dass sich Frauen zwischen vierzig und fünfzig für einen spirituellen Weg entscheiden, nachdem die Kinder aus dem Haus sind.

Ich ermutige sie zunächst dazu, sich irgendwo in ihrem Alltag eine stille Zeit zu suchen. Diese stille Zeit sollten sie nutzen, und zwar am besten jeden Tag zur selben Stunde. Dann sollten sie sich hinsetzen und eine einfache Übung verrichten. Entscheidend ist die Regelmäßigkeit der Übung. Das heißt: Es ist sinnvoll, für sich kleine Riten zu schaffen, die dem Alltag eine bestimmte Kontur verleihen. Und dazu gehört auch, dass ich in meiner Wohnung einen Platz schaffe, an dem ich zum Beispiel eine Kerze aufstelle und meine Übung verrichte. Für einen solchen Sakralraum ist selbst in einer kleinen Wohnung Raum.

16 | Meditation als Heilweg

Meditation – worum geht es eigentlich?

Eine Erzählung aus China in der T'ang Zeit beginnt mit einem alten Mann namens Chokan. Er hatte eine hübsche Tochter, Seijo, die er sehr liebte. Gerade als sich Seijo in ihren Vetter Ochu verliebte, verkündete der Vater, dass er für Seijo einen jungen Man zum Heiraten ausgesucht habe. Den beiden jungen Verliebten wollte das Herz brechen. In ihrer Verzweiflung flüchteten sie in ein fernes Land, heirateten und bekamen zwei Kinder. Eines Tages aber bekamen die beiden Gewissensbisse, und so beschlossen sie, nach Hause zu reisen und die Eltern um Verzeihung zu bitten. Zu Hause angekommen, ging Ochu zum Elternhaus seiner Frau, während Seijo im Boot wartete. Der alte Schwiegervater wusste gar nicht, wovon Ochu redete, als er um seine Verzeihung bat. „Seijo", sagte er, „liegt im Koma auf ihrem Bett." Als die im Haus krank daniederliegende Seijo diese Worte hörte, erhob sie sich und lief hinunter zum Fluss. Als die beiden Seijos sich begegneten, umarmten sie einander und wurden wieder zu einer Seijo.

Mehr und mehr Menschen erkennen, dass sie der einen Seijo gleichen, die davonrannte, sich in Beruf, Familie und der alltäglichen Hektik verloren hatte. Sie versuchen in Angeboten einer ganzheitlichen Gesundung ihre Einheit wieder zu erleben, aber nicht durch Medikamente, sondern durch Energien, die aus der Ruhe kommen, mit einem anderen Wort: Meditation.

Kontemplation und Zen sind uralte Menschheitswege, die zu mehr geistiger Klarheit, innerer Ruhe und Lebensfreude führen. Wir entdecken heute wieder die heilende Kraft der Ruhe, auf die alle spirituellen Wege letztlich zielen, weil in ihnen nicht nur das Kraftzentrum unseres Lebens liegt, sondern auch das eigentliche Ziel der Religion. Es geht uns daher nicht nur um Ruhe, Harmonie und Kraft für unseren Alltag auf unserem Weg. Wir wissen, dass nur in der Ruhe die Begegnung mit dieser ersten Wirklichkeit möglich ist, die wir Abendländer Gott nennen, andere Allah oder Leerheit, in der Geschichte aus China symbolisiert durch die daheimliegende, bewusstlose Seijo. Wem es beschieden ist, bis zum Grund des Seins durchzubrechen, der erfährt eine umfassende Leere, die alle Potenzen in sich birgt. Es ist für mich beglückend, dass immer wieder Menschen, die einen spirituellen Weg mit mir gehen, dahin gelangen. Oft ist es ein dramatischer Prozess, denn der Weg kann durch Verwirrung und Angst führen, aber am Ende ist es dieses Eine, das unserem Leben Sinn gibt. Zu seinem Wesen gehört das Aufwachen. Die Seijo, die davongerannt ist, symbolisiert den anderen Aspekt der Wirklichkeit. Aber es gibt nur eine Seijo. Ruhe und Bewegung, Leerheit und Form machen das Eine aus.

17 | Ritus

Wozu dienen Rituale?

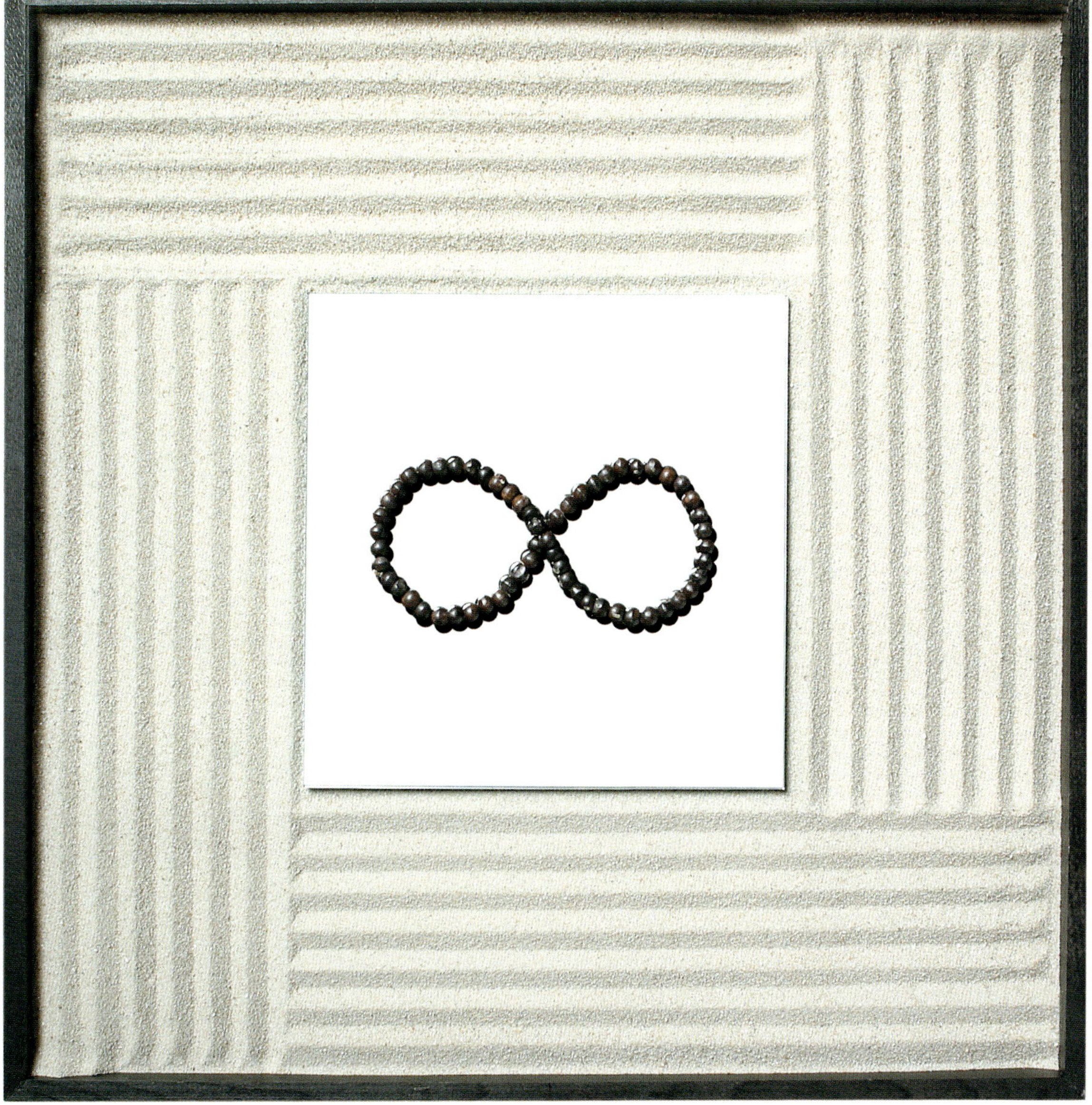

Rituale sind in zweierlei Hinsicht hilfreich. Erstens, weil sie eine rational getroffene Entscheidung ganzheitlich im Menschen verankern. Denn im Ritual wird der Schritt sinnlich und körperlich erfahrbar. Das verleiht ihm eine Realität, die es erleichtert, mit der neuen Situation zurechtzukommen.

Die Initiation der Pubertät bedeutet zum Beispiel, dass der Mensch aus seiner Kindheit heraus ins Erwachsenenalter treten muss. Das Ritual der Krankensalbung (letzten Ölung) ist gleichsam die Initiation für den Übergang in eine neue Existenz.

Zweitens ermöglichen Rituale, eine innere Befindlichkeit nach außen zu bringen. Durch eine Trauerzeremonie zum Beispiel kann die entsprechende Person eine heilsame Distanz zu ihren eigenen Emotionen aufbauen. Der Mensch hört auf, sich mit seinen Gefühlen zu identifizieren. Nun kann er sie zulassen, ohne von ihnen unterjocht zu werden – nun kann er Gefühle haben, weil die Gefühle nicht mehr ihn haben.

Rituale können auch dazu dienen, das Ganz-Andere, das ich erfahren habe, zum Ausdruck zu bringen. Sie setzen einen Akzent, der betonen soll, dass eigentlich das gesamte Leben von der Erfahrung des Göttlichen durchdrungen sein sollte.

Gebete und Zeremonien gleichen sich in allen Religionen: Man hat eine Gebetskette, man geht oder wallfahrtet, man hinterlässt eine Opfergabe für einen wohltätigen Zweck. Es ist nichts anderes als eine Aktivierung positiver Energien, die Trost, Heilung oder Zuversicht bringen. Es entstehen Gleichmut, Ehrfurcht und Ergebung, wenn sonst keine Hilfe möglich ist.

Alle Religionen haben heilige Worte und Laute, die sie ständig wiederholen. So hat der Islam die 99 Namen Allahs, die an der Perlenschnur wiederholt werden. Den hundersten Namen Allahs allerdings, sagt man, kennt nur das Kamel; denn der ist intellektuell nicht zu fassen, er kann nur erfahren werden. Die Hindus rezitieren Mantras, die Buddhisten wiederholen das Nenbutsu oder die Sutras. Auch die Christen haben Worte und Gebete, die sie ständig wiederholen, zum Beispiel den Rosenkranz. Der Laut eines solchen Gebetes hat eine Dynamik in sich, die weit über seine Schwingungen hinausgeht und uns in die Tiefe unseres Bewusstseins führen kann. So mobilisiert und verstärkt das Gebetswort helfende und heilende Kräfte in uns. Es schließt uns an etwas an, was schon da ist.

18 | Die Weisheit des Körpers

Wie kommt in den Religionen die körperliche Dimension der Spiritualität zum Tragen?

Langsam wächst die Erkenntnis, dass auf dem spirituellen Weg der Körper unser Freund ist – ein Instrument, in dem das Göttliche erklingt. Ohne Instrument kann keine Musik erklingen. Es mag eigenartig anmuten, aber unser Bewusstsein spielt viel reiner auf dem Instrument Körper als auf dem Instrument Verstand. Der Verstand schiebt sich mit eigenen Tönen oft störend dazwischen, er schneidet aus und seziert.

Der Körper steht einer umfassenden Bewusstseinsebene näher als der Intellekt. Der Intellekt segmentiert die Wirklichkeit in Teilaspekte, mit denen er sich jeweils befasst. Der Körper hingegen kann sich für das Ganze öffnen. Deshalb wird er in fast allen Religionen als Vehikel in den transmentalen Bewusstseinsraum genutzt. In den östlichen spirituellen Wegen spielt bekanntlich der Lotossitz eine wichtige Rolle.

Aus dem Zen-Buddhismus kennt man noch ganz andere körper-bezogene Praktiken, von der Tee-Zeremonie und Nō-Dramaturgie bis zu Bogenschießen und Schwertkampf. Ich selbst habe mich in Japan in der Kunst des Bogenschießens unterweisen lassen. Das Entscheidende dabei ist in der Tat die Sammlung auf den Körper und erst später auf die Zielscheibe.

Eine andere Form der körperbezogenen Spiritualität ist das Wallfahrten. Wallfahrten erfreuen sich gegenwärtig zunehmender Beliebtheit. Hier kommt ein spirituelles Bedürfnis des Menschen zum Ausdruck. Manche machen sich wieder, wie zu alten Zeiten, auf den Jakobsweg. Der Pilger geht um des Gehens willen. Er geht nicht, um anzukommen, sondern er geht, um zu gehen. Der Schritt wird zum Fokus der inneren Sammlung. Wer eins werden kann mit seinem Schritt, kann eins werden mit Gott. Mehrfach ist mir glaubhaft berichtet worden, dass es Menschen gibt, die beim Jogging eine tiefe Erfahrung machten. Warum auch nicht? Wenn alles abgefallen ist und der Läufer eins geworden ist mit diesem „Trott", kann sich das Bewusstsein öffnen.

Wer sein Leben so gesammelt auf den Augenblick leben kann, lässt es zu einer Pilgerreise werden.

19 | Symphonie

Erzähl mir von Gott!

Gott ist Symhonie, die in allem erklingt. Es ist nicht so, dass er sie einmal komponiert hätte und sie sich jetzt vorspielte. Er erklingt als diese Symphonie, und jede Form, auch wir, sind eine ganz individuelle Note, einmalig und unverwechselbar. Da ist nichts ausgeschlossen, auch nicht das Leid und unser physisches und psychisches Defizit.

Jeder Ort, jeder Augenblick, jedes Wesen ist eine ganz bestimmte Note, die je für sich unverzichtbar für das Ganze ist, auch wenn sie im nächsten Augenblick durch eine andere Note abgelöst wird.

Unser tiefstes Wesen steht hinter unserer personalen Struktur, benutzt sie und spielt gleichsam auf diesem Instrument. Aber es kann nur spielen, wenn das Instrument mit sich spielen lässt. Wenn es zu sehr von sich selbst als Person besessen ist und seine eigene Weise spielen will, kommt eine falsche Melodie zustande. Unsere Impulse, Gedanken und Gefühle haben eine Quelle in unserem tieferen Wesen, die wir nicht suchen und nicht verbessern müssen. Was einer Verbesserung bedarf, ist unser Hinhören auf unser Wesen, auf diese göttliche Symphonie.

Die Wirklichkeit hat zwei Aspekte, wie jeder Stab zwei Enden hat. Wir nennen den einen Aspekt Form, Materie, Kosmos, den anderen nennen wir Gottheit, Brahman, Allah, das Eine usw. In der Welt der Formen spiegelt sich der andere Aspekt der Wirklichkeit, den wir Abendländer Gott nennen. Gott und Mensch werden daher auch nicht gleich gesetzt. Ein Bild, das ich gerne als eine Metapher verwende, ist folgendes: Wenn wir uns die Erste Wirklichkeit als einen unendlichen Ozean vorstellen, dann sind wir so etwas wie die kurzlebigen Wellen auf diesem Meer. So hört der Mensch nicht auf, als Mensch zu existieren, wenn er Gott erfährt. Er erfährt aber diese Existenzform Mensch als Form Gottes. „Die Welle erfährt sich als Meer." Wenn wir dorthin gelangen, erfahren wir die Einheit aller Wellen mit dem Meer und dadurch die Einheit aller Lebewesen miteinander durch das göttliche Meer bzw. göttliche Leben.

Wenn nun die Welle erfährt „Ich bin das Meer", dann sind da aber immer noch zwei: Welle und Meer. In der mystischen Erfahrung wird auch diese Dualität überstiegen. Das Ich der Welle zerfließt, und an seiner statt erfährt das Meer sich als Welle. Diesen Schritt vollzieht der Mystiker nicht, er widerfährt ihm.

20 | Mystisches Sterben

Was versteht man unter der
„Kunst des Sterbens"?

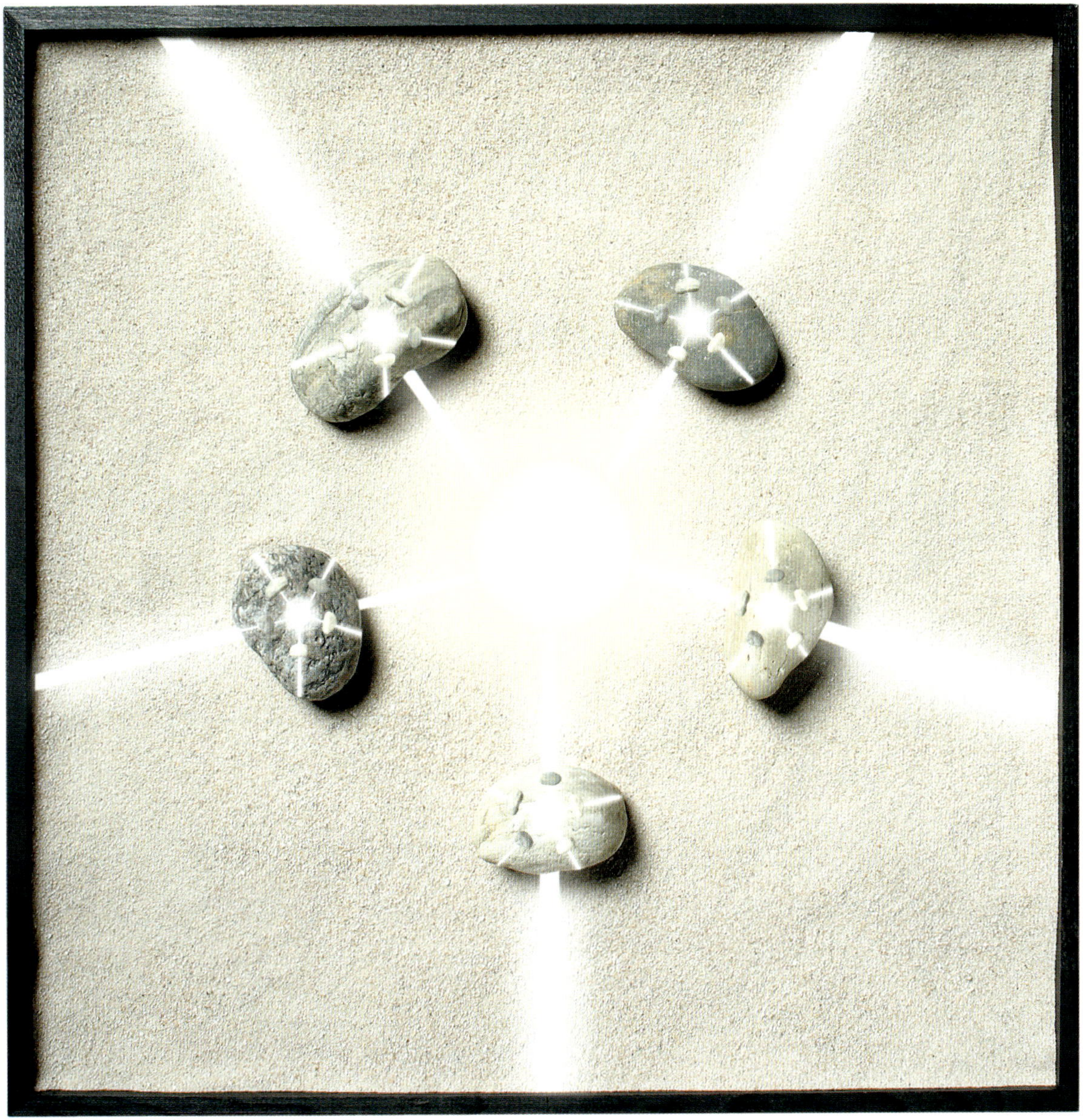

Man kann vom Ich nicht erwarten, dass es seine Herrschaft freudig aufgibt. Und doch wäre dies genau das, was ein spiritueller Weg von uns verlangt. „Stirb und Werde!" „Stirb auf deinem Kissen!" In dem Maße, in dem unser kleines Ich stirbt, in dem Maße entfalten sich Vertrauen, Freude und Zuversicht. Aber offensichtlich haben wir zu wenig Interesse an der Evolution des „göttlichen Prinzips", an der Entfaltung des Universums, an der Vielgestaltigkeit der Möglichkeiten. Wir haben nur Interesse an „Ich" und „Mein".

Das Sterben des Ich ist mehr als die Zurücknahme der Egoaktivität. Es ist ein Aussteigen aus liebgewordenen, Sicherheit gebenden Strukturen und Mustern. Es ist ein den ganzen Menschen betreffendes Ereignis, das ihn bis in die letzten Tiefen erschüttert. Es ist das Loslassen aller Sicherungen. Das Sterben, von dem die Mystik spricht, ist weit schwerer als das physische Sterben. Es kann nicht einmal der Wunsch bleiben, in die geborgene Hand Gottes zu fallen. Es ist aber ein Sterben, um zu leben. Ein Ende ist immer auch ein Anfang.

Wahre Mystik definiert den Begriff Unsterblichkeit anders als die Konfessionen. Es geht nicht um ein Auslöschen des Todes, um ewig zu leben, sondern Geburt und Tod sind zu transzendieren. Unser tiefstes Wesen offenbart sich als Geborenwerden und Sterben, bleibt aber von Geburt und Tod unberührt, so wie unser Körper unberührt bleibt, wenn wir die Kleider wechseln. Was wir zutiefst sind, diese göttliche Wesensnatur, wird wieder in einer neuen Form entstehen. Ob sie noch eine Identität mit alten Formen besitzt, ist unwichtig. Wiedergeboren wird immer nur diese göttliche Wesensnatur.

So können wir mit Recht an eine Auferstehung glauben. Nur ist es eben nicht die Auferstehung des Ich, sondern die Auferstehung in die transpersonale Einheit mit Gott. Die Kunst des Sterbens liegt im Loslassen der Ich-Einschränkung.

21 | Mysterium des Bösen

Wie stellt sich das „Böse" aus der Sicht der Mystik dar?

Schatten, Teufel, Ungeheuer... wir haben viele Namen für diesen psychischen Komplex, den wir bei allen Menschen finden. Jeder, der den Weg der Kontemplation geht, wird mit seinem Schatten konfrontiert. Der Schatten ist die uns abgewandte Seite unseres Bewusstseins. Darum tun wir uns so schwer, ihn zu sehen, und wenn er auftaucht, ihn als zu uns gehörig zu erkennen und zu akzeptieren.

Zunächst einmal sind wir geneigt, den Schatten nach außen zu projizieren. Damit „verteufeln" wir in anderen, was wir eigentlich als unseren Teil erkennen sollten. Hier kommt unser Dualismus zutage, der offensichtlich mit unserer Ichstruktur zusammenhängt.

Mit Absage an ein duales Welt- und Menschenbild mutet uns die Mystik in der Tat die Vorstellung zu, dass all das, was wir das „Böse" nennen, Bestandteil der einen und ungeteilten Ersten Wirklichkeit ist. Es ist die dunkle Seite Gottes. Hiergegen sträubt sich unser Verstand. Er kann nicht akzeptieren, dass Leiden, Schmerz und Tod göttlichen Ursprungs sind, und erklärt das "Böse" als Defizit im Menschen.

Menschen, die Opfer von Gewalt wurden, berichteten mir vom Zustand der Ruhe und des Einverständnisses in diesen Situationen. Es gibt dort keine Angst und keine Wertung mehr. Manche, die eine Nahtod-Erfahrung hatten, bringen eine Erkenntnis der Einheit allen Geschehens mit zurück ins Leben. Wenn jemand bei einem Verkehrsunfall überfahren worden ist und die Situation außerhalb des Körpers unter sich sieht, kommt keinerlei Schuldzuweisung in ihm auf. Er kommt zurück mit einer allumfassenden Liebe, die das Dasein und selbst Übeltäter einschließt.

Unser wahres Wesen kennt Gut und Böse nicht. Auf dieser Ebene gibt es noch kein Für und kein Wider. Diese Erfahrung schafft das, was wir das Böse nennen, nicht aus der Welt. Das Ergebnis jeder mystischen Erfahrung ist die Aufhebung der Dualität. Nur auf dieser tieferen Ebene lässt sich die Frage nach dem „Bösen" lösen. „Böse" nennen wir immer das, was unserem Ich schadet. Verliert nun das Ich an Gewicht, bekommt auch das Böse einen anderen Stellenwert.

22 | Selbsttranszendenz

Hat der Mensch Zukunft?

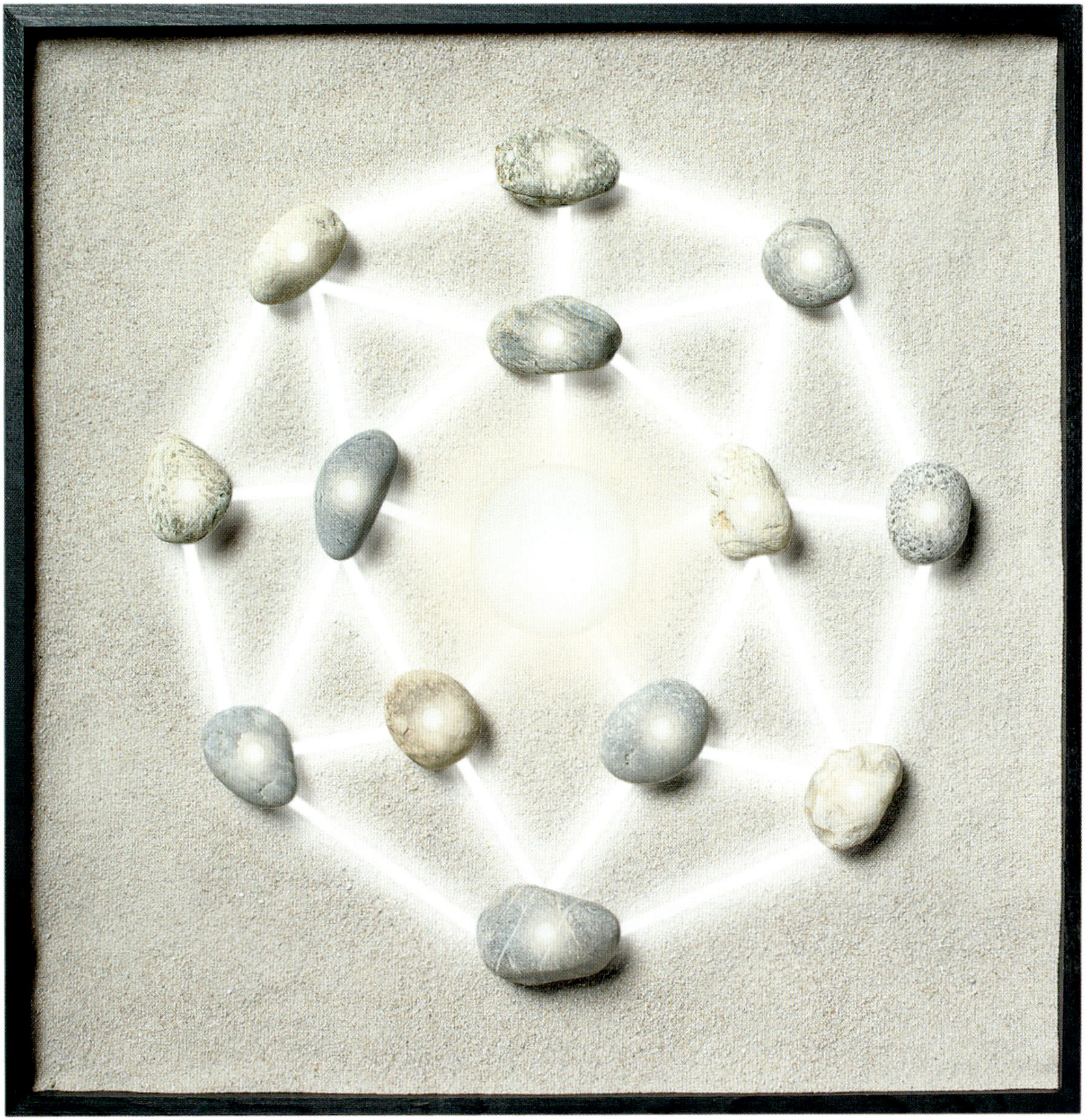

Die Naturwissenschaft prägt einen Begriff: Holon. Ein Holon ist auf der einen Seite ein Ganzes und auf der anderen Seite Teil eines Größeren. So ist z. B. ein Atom ein Holon, aber auch ein Teil von einem Ganzen, dem Molekül. Ein Molekül ist Teil einer Zelle und die Zell ist wiederum Teil eines größeren Organismus. Nichts ist ausschließlich ein Teil. Es gibt nicht, was entweder-oder wäre. Ein Holon ist wie die Masche eines Netzes. Eine Masche ist eine in sich geschlossene Einheit, aber sie kann allein nicht existieren. Wenn an einer Masche gezupft wird, bewegt sich das ganze Netz. Jedes Holon muss seine Identität wahren und muss zum größeren Ganzen hin offen sein. Je mehr es zu nur einer Seite neigt, umso stärker verliert es die andere Seite.

Auch als Mensch sind wir ein Holon. Wir stehen nicht isoliert in diesem Kosmos. Wir sind von unserem Wesen her mit allem vernetzt. Das Vernetzende nennt die Mystik „Liebe", Liebe im Sinne eines allem Seienden innewohnenden Dranges zur Selbsttranszendenz. Wo das Vermögen zur selbstüberschreitenden Kommunikation fehlt, kann ein System nicht bestehen. Ein sprechendes Beispiel dafür ist die Krebszelle. Sie grenzt sich aus dem Organismus aus und stürzt ihn damit in den Untergang. Selbsttranszendenz ist, so gesehen, die Grundhaltung des Universums.

Für die Mystik ist „Sünde" im Wesentlichen nichts anderes als die Verweigerung der Selbsttranszendenz, was auf Verweigerung der Liebe hinausläuft. Die Fixierung auf das Ego kann sich auf unterschiedliche Weise im Leben von Menschen konkretisieren – als Neid, Hass, Gewalt, Krieg. Aber wir erkennen langsam, dass Freund-Feind-Denken, Nationalismus, religiöser Fanatismus, Gewalttätigkeit uns alle bedrohen und nicht nur den Ort, wo diese Probleme gerade relevant sind.

Wir können uns kaum vorstellen, wie diese unsere Menschenzukunft einmal aussehen wird. Aber wir Menschen sind auf dem Weg zum Menschen. Mögen die Hiobsbotschaften in den Nachrichten auch nicht abreißen, das göttliche Prinzip wird sich von der Spezies „Homo sapiens" nicht in seiner Entfaltung hindern lassen. Die Welt ist das Werk Gottes, der uns bestätigt hat, dass alles gut ist, so wie es ist. Der Mensch hat Zukunft, weil es die Zukunft Gottes ist.

23 | Leerheit und Weisheit

Woher kommt Weisheit?

Die Erfahrung der letzten Wirklichkeit, die Eckehart Gottheit nennt, Zen 'Leerheit', ist nicht adäquat ausdrückbar. Mit ihr ist es wie mit der Musik. Musik kann man nur hörend erfassen. Wenn sie schriftlich mitgeteilt werden soll, muss sie niedergeschrieben werden als Partitur. Das Offenbarte ist die Musik. Wie eine Partitur in ganz verschiedenen Notensystemen aufgezeichnet sein kann und die Musik doch die Gleiche bleibt, so ist das Offenbarte, das in der Mystik erfahren wird, immer das Gleiche.

„Leerheit" kann auch Fülle heißen. Es ist eine Fülle, die schwanger geht mit allen Möglichkeiten. Sie enthält alle Potenzen und ist Ursprung und Schöpfung. Bei einer mystischen Erfahrung geht es immer um dieselbe Erfahrung des reinen Seins, des Ursprungs, aus dem alles kommt. Es ist die Stufe, die allem, was entstehen kann, vorausliegt. Darum ist es auch kein Sein, das Substanz wäre, also „leer".

Dort ist man nicht glücklich und nicht unglücklich, nicht zufrieden oder unzufrieden. Grenzenlose Liebe, aber kein „ich liebe dich", da diese Liebe nicht aus dem Ego kommt. Paradoxerweise gibt es aber weder Liebe noch Hass, weder Leben noch Tod, keine Grenzen, nicht Raum nicht Zeit – alle Polarität ist aufgehoben.

Diese Erfahrung verändert zunächst nicht die Welt, sondern die persönliche Sicht der Welt und unsere Einstellung. Sie wandelt den Kern der Persönlichkeit. Aus dem gewandelten Menschen kommen dann neue Verhaltensweisen, Wertungen und Intentionen. Die Ethik dieser gewandelten Persönlichkeit erweist sich als weit aus tragfähiger als willentliche Vorsätze. Hier besteht Übereinstimmung zwischen Überzeugung und Handeln, was in der Esoterik „Weisheit" genannt wird. Darum ist der wahre Mystiker nicht der Einsiedler. Es geht um das Erfassen Gottes in den Dingen der Welt. Aus dieser Einstellung bezieht Mystik ihr ethisches Handeln. Ethik ist eine Folge der Gotteserkenntnis, der Erkenntnis der „Leerheit".

24 | Die Moral

Auferstehung, Wiedergeburt oder …?

Alle Religionen bieten den Menschen Hoffnungsbilder an: eine bessere Wiedergeburt, Auferstehung und ewige Seligkeit, Ausgleich für all das Gute und Böse. Der Mensch braucht diese Hoffnungsbilder als Sinngebung für sein Leben. Dass der Mensch auf dieser Welt ist, resultiert nach der einfachen Wiedergeburtslehre aus seinem Begehren, das ihn immer wieder in einen neuen Leib zurückführt. Wenn das vorausgehende Leben gut war, findet eine Geburt als höheres Lebewesen statt, wenn es schlecht war, wird das Leben sich eine niedere Form suchen müssen.

Die Verquickung von Religion und Moral, wie sie auch in dieser Wiedergeburtslehre zutage tritt und sich in fast allen Religionen findet, war und ist meines Erachtens eine der verhängnisvollsten Erscheinungen in der Religionsgeschichte. Sie gab den Religionen eine ungeheure Macht, die sie oft missbraucht haben. Die Normen und Gebote der Religionsstifter waren anfangs nichts anderes als Anleitungen zu einem Leben, das der von ihnen erfahrenen Wirklichkeit Gottes entsprach. Im Laufe der Zeit aber haben sich diese Anleitungen von ihren spirituellen Wurzeln gelöst und verselbständigt.

In „Also sprach Zarathustra" vergleicht Nietzsche die Jugendzeit – wir dürfen das auf unser ganzes Leben ausdehnen – mit einem Kamel.

Es geht geduldig auf die Knie und lässt sich beladen. Dann steht es schwankend auf und trägt seine Last in die Wüste. Dort verwandelt es sich in einen Löwen. Je mehr es geschleppt hat, umso stärker ist der Löwe. Und dann hat der Löwe einen Drachen zu töten. Der Name des Drachen ist: „Du sollst!" Wenn dieser Drache getötet ist, verwandelt sich der Löwe in ein Kind, das sich zu dem entwickelt, was es zuinnerst ist.

Es gibt letztlich keine Moral im kosmischen Geschehen. Da waltet ein tieferes und umfassenderes Bewusstsein. Im Sinne der Mystik sind „Himmel" und „Hölle" nicht jenseitige Wirklichkeiten, in die wir nach dem Tod eintreten, sondern Metaphern für ein im Hier und Jetzt erfülltes beziehungsweise unerfülltes Leben.

25 | Das Gebet

Wird ein Engel meine Bitte erhören?

Das Gebet versucht etwas, was auseinanderklafft, zu einen. Es schafft Einheit zwischen zwei Aspekten der Wirklichkeit, die in uns Menschen auseinanderfallen. Zum Menschen gehören das Personale und das Transpersonale oder, wie wir in der religiösen Sprache sagen, das Menschliche und das Göttliche. Es ist ein Koordinatensystem Natur – Übernatur. Das Gebet entsteht aus diesem Zustand einer inneren Spannung. Nur wenn wir in der Mitte dieses Koordinatensystems stehen, können wir ganz Mensch sein.

Wer für jemanden betet, wer für jemanden mit Liebe und Wohlwollen da ist, kann ein heilendes und helfendes Energiefeld aufbauen, das über Raum und Zeit hinweg seine Wirkung entfaltet. Gebete bewirken nicht deshalb etwas, weil Gott oder ein Schutzengel im Himmel mein Gebet erhören und dann darauf helfend reagieren, sondern weil Gott gleichsam ein Naturgesetz auf einer höheren Ebene geschaffen hat. Wer mit Liebe da ist, wer also einem anderen Gutes wünscht, kreiert ein Energiefeld, das tröstend, helfend und heilend wirkt.

Als einmal ein Heiler zu einem kranken Kind gerufen wurde und man ihn bat, über dem kranken Kind zu beten, drückte ein Skeptiker unter der Menge über einen solchen Aberglauben deutlich seine Zweifel aus. Der Meister drehte sich um und sprach ihn an: „Du bist ein unwissender Dummkopf, du verstehst nichts von dieser Angelegenheit." Der Skeptiker wurde wütend und fühlte sich beleidigt. Bevor er aber aufbegehren konnte, sprach der Heiler: „Wenn diese paar Worte die Kraft hatten, dich wütend zu machen, warum sollten andere Worte nicht die Kraft der Heilung haben?"

Im Zentrum der mystischen Erfahrung steht das Bewusstwerden der Einheit mit allen Lebewesen. Das bedeutet auch, dass ich das Leid des anderen als mein eigenes Leid erfahre – und ebenso seine Freude als meine Freude. Wenn ich diese Erfahrung mache, wird sich mein soziales Verhalten ändern. Liebe gehört wesentlich zur mystischen Erfahrung. Die Buddhisten sprechen eher von „Mitgefühl", meinen aber letztlich dasselbe.

26 | Alltag

Wenn man sich auf den spirituellen Weg begibt – wie verändert sich dann der Alltag?

Einige, die sich auf dem spirituellen Weg befinden, beschreiben den an ihnen stattfindenden Wandel oft wie folgt: Erst hat sich mein Bücherregal verändert, dann mein Kleiderschrank, dann meine Essgewohnheiten, dann mein Freundeskreis. Andere berichten, dass scheinbare Banalitäten für sie einen tiefen Sinn bekommen – etwa, indem sie plötzlich im Kochen oder Putzen eine spirituelle Dimension entdecken. Das sind dann keine lästigen Verrichtungen mehr, sondern Praktiken, bei denen der Geist gesammelt werden kann. Das alles geschieht nicht, weil es gewollt ist, sondern weil sich von innen her die Einstellung zum Leben gewandelt hat.

Mystiker sind ganz gewöhnliche Menschen. Es gibt ein Wort: Wenn ein Gaukler in ein Dorf kommt, dann laufen ihm Menschen nach, wenn ein Weiser in ein Dorf kommt, merkt es niemand. Der eigentliche Mystiker ist ein ganz gewöhnlicher Mensch, der auch irren kann, der auch Fehler hat. In anderen Worten: Sich auf den spirituellen Weg zu begeben führt nicht zwangsläufig zu einer radikalen Änderung des Lebens. Religion ist das Leben, und das Leben ist Religion. Zugespitzt formuliert: Wenn ich erfahre, dass mein Aufstehen am Morgen und Anziehen des Hemdes ein tief religiöser Akt sein kann, dann habe ich erkannt, was Religion ist.

Die mystische Erfahrung reicht bis in den Alltag. Tut sie es nicht, dann ist der Mystiker auf seinem Weg stecken geblieben.

Wer einen Erfahrungsweg bis zu Ende geht, kommt wieder in den Alltag. Dort hat sich alle Erfahrung zu bewähren. Ziel ist nicht ein abgehobener Bewusstseinszustand, sondern die volle Entfaltung unseres Menschseins. Der Schauplatz ist der Alltag, der Marktplatz oder, wie es auch formuliert worden ist, der Hauptbahnhof. Das letzte Bild aus der Zen-Geschichte „Der Ochs und sein Hirte"* zeigt besonders deutlich, dass es um den Alltag geht. Der Wandel der Welt beginnt beim Wandel unseres alltäglichen Tuns.

---

*) „Der Ochs und sein Hirt" – Darstellung der verschiedenen Ebenen der Reifung auf dem Zen-Weg anhand von zehn Bildern eines Ochsen und seines Hirten.

27 | Der Holzhacker

Geh tiefer in den Wald!

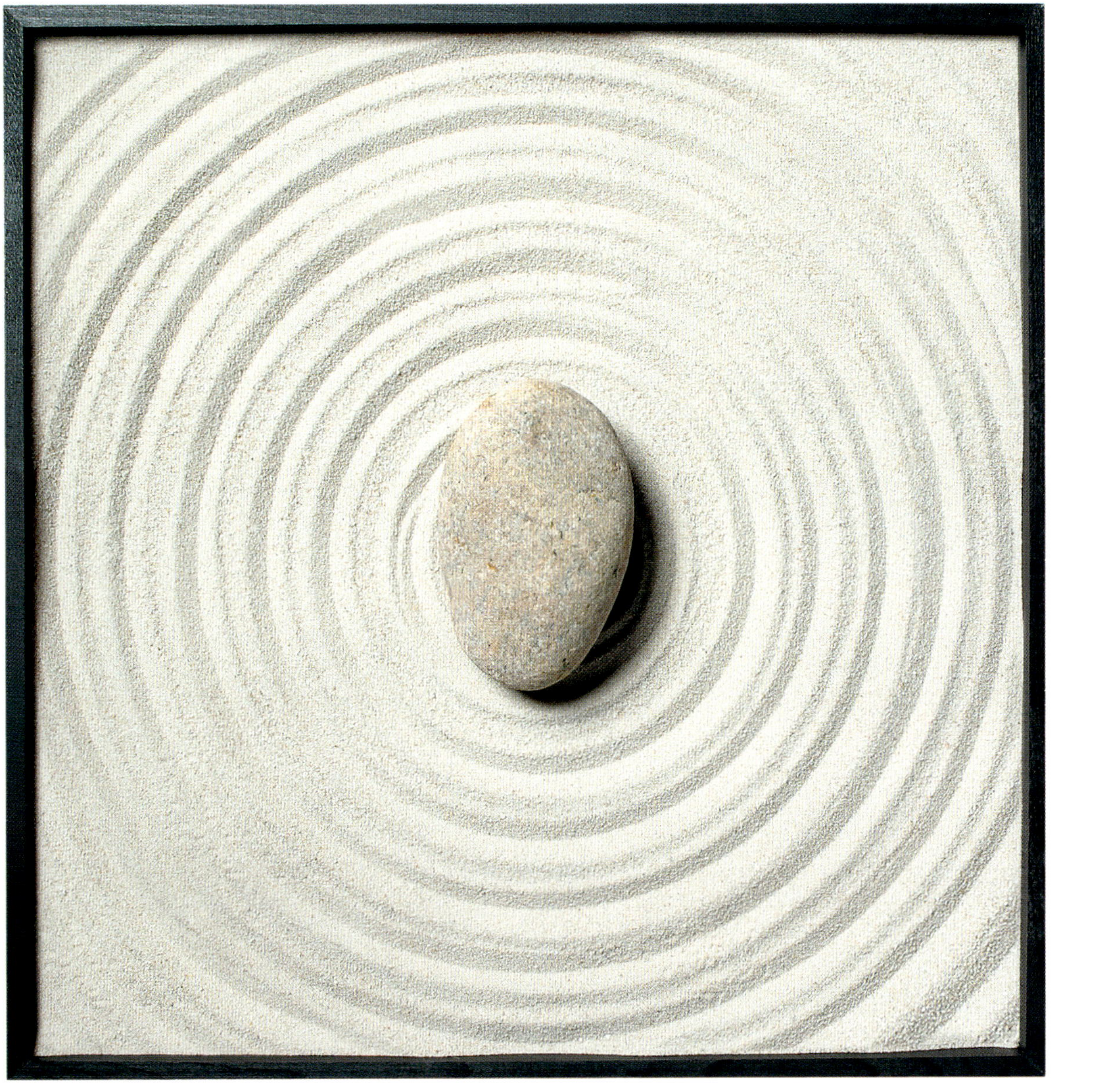

Wer wirklich durchbricht zu der Einheitserfahrung mit dem kosmischen Leben, bleibt nicht in einer Ekstase. Er kommt wieder in den Alltag. Das folgende Beispiel aus der Mystik verdeutlicht das:

Ein Mann hackte Holz am Waldrand und lebte vom bescheidenen Erlös. Als ein Einsiedler des Weges kam, fragte er diesen nach einem Wort fürs Leben. Der Einsiedler sagte: „Geh tiefer in den Wald!" Der Mann ging tiefer in den Wald und fand schöne Bäume, die er als Bauholz verkaufte. Er wurde wohlhabend. Reich geworden, erinnerte er sich an den Rat des Einsiedlers: „Geh tiefer in den Wald!" Und so ging er tiefer in den Wald und fand eine Silbergrube. Er baute sie ab und wurde noch wohlhabender.

Eines Tages fiel ihm wieder der Einsiedler ein: „Geh noch tiefer in den Wald!" Und so wagte er es, weiter vorzudringen in das Dunkel des geheimnisvollen Waldes. Bald fand er wunderbare Edelsteine. Er nahm sie in die Hand und erfreute sich an ihrem Glanz (Zeichen einer tiefen mystischen Erfahrung). Aber dann fiel ihm das Wort des Einsiedlers wieder ein. Die Edelsteine in der Hand, wanderte er weiter. Und plötzlich stand er beim Morgengrauen wieder am Waldrand. Er nahm seine Axt, hackte das Unterholz ab und verkaufte es an seine Mitmenschen.

Das Reich Gottes ist hier und jetzt. Es ist in uns. Die Erste Wirklichkeit, die wir im Westen „Gott" nennen, erscheint als Kosmos, im Menschen als Mensch, im Tier als Tier und im Baum als Baum. Sie spiegelt sich in allem wider, was Form hat, sei es materiell, psychisch oder geistig.

Wir haben wieder zu lernen, wie man isst, Geschirr spült, den Boden putzt, sitzt und geht. Das Leben ist im Gehen, Stehen, Putzen, Kochen, Lesen und Musikhören. Gott vollzieht sich als unser ganz persönliches Leben.

Nachwort von Willigis Jäger

Spiritualität in Ost und West

Die Praxis des Zen unter einem japanischen Meister und meine Reisen durch Indien und mein Studium der Philosophie und Theologie brachten mir die Erkenntnis, dass Religionen zwei Ebenen besitzen: eine esoterische Ebene und ein exoterische Ebene. Die Grundstrukturen dieser Ebenen gleichen sich in allen Religionen. Es gibt also Buddhismus als Religion, Hinduismus als Religion und Christentum als Religion, um nur die wichtigsten zu nennen. Sie haben heilige Schriften, Rituale, Zeremonien und ein Lehrgebäude. Sie sind organisiert und besitzen eine Hierarchie. Das ist die exoterische Form der Religion.

Alle Religionen haben aber auch spirituelle Wege entwickelt, um die Wahrheiten, die in den Büchern und Sutras stehen, zu erfahren. Das ist die esoterische Form der Religion. So kennt der Buddhismus die Wege des Zen, des Vipassana und des tibetischen Chogchen. Der Hinduismus entfaltete die verschiedenen Formen des Yoga, z. B. Krya-Yoga, Raja-Yoga und Patanjali. Das Christentum brachte die Kontemplation und Mystik hervor. Noch hat die exoterische Religion das Übergewicht.

Aber wir leben in einer erwachenden Welt. Die Religionen stehen zu Beginn des dritten Jahrtausends im Zeitalter der Wissenschaft, Technologie, Globalisierung der Märkte, des Zerfalls traditioneller Werte, angesichts des Terrorismus und der Kriegsdrohungen wieder einmal vor der Aufgabe, ihre Weltsicht und Werteordnung in die verunsicherte Menschheit hineinzutragen. Das geht nicht, ohne dass sich die Religionen selber öffnen und wandeln. Immer mehr Menschen stellen sich wieder die uralte Frage nach dem Sinn des Lebens: Warum bin ich Mensch? Was ist der Sinn meines Lebens? Woher komme ich? Wohin gehe ich? – Die hergebrachten, traditionellen Antworten reichen vielen zur Deutung ihres Lebens nicht mehr aus. Auf Tagungen und Symposien sollen die alten religiösen Werte neu erschlossen werden.

Der Mensch der Zukunft wird ein Erwachter sein. - Es wächst die Gewissheit, dass es eine höhere Wirklichkeit gibt, mit der wir in Verbindung stehen, um Sinndeutung unseres Lebens zu erhalten. Zahlreiche Menschen, unabhängig von Alter, Geschlecht und sozialer Zugehörigkeit, sehnen sich nach Religiosität in ihrem Leben. Sie lernen ein spirituelles Potenzial in sich zu erschließen, das über das Mentale hinaus in den transpersonalen Bewusstseinsraum reicht, um daraus ein authentisches Leben zu leben. Spiritualität ist eine Dimension des Menschseins, die zusammen mit Körper, Psyche und Intellekt das Leben wesentlich bestimmt. Sie ist in allen Menschen angelegt und kann durch Stille und Schweigen, durch Hingabe und Liebe entfaltet werden.

Der Mensch der Zukunft wird seine religiöse Sehnsucht in der Erfahrung zu stillen versuchen. Er hat durch die Forschung im Inneren der Atome und in der Tiefe des intergalaktischen Raumes keinen Sinn für sein Dasein gefunden. Die Ratio sagt uns nicht, warum dieses Weltall und wir existieren. Von der Warte der Ratio aus gesehen, macht das Universum keinen Sinn, es ist absurd. Die Erkenntnisse der Wissenschaft sind systeminterne Berechnungen, die außerhalb dieser Kreation keinen Sinn machen. Wir kreieren eine bestimmte Welt. Die Realität ist ‚virtueller Natur'. Was reale Wirklichkeit zu sein scheint – wie Bäume und Menschen –, sind in Wirklichkeit Illusionen, die aus unserer begrenzten Ratio und unserer eingeschränkten Wahrnehmung kommen. Wir fassen diesen virtuellen Prozess als wirklich und beständig auf. Unsere Gestaltwerdung kreierte bestimmte Voraussetzungen, die nur für eine begrenzte Sicht der Realität geeignet sind. Wir blicken gleichsam durch ein Fernglas und bekommen dadurch nur einen ganz bestimmten Ausschnitt des ganzen Feldes. – Erleuchtung ist die Erfahrung, dass die Dinge und auch unser Ich vorübergehende virtuelle Stadien sind, ohne permanente Existenz, von unsrem Gedächtnis zusammengehalten. Sie schenkt uns eine Realität, die mit der Ratio nicht begriffen werden kann. In der Hoffnung, diese Erfahrung zu machen, begeben sich viele Menschen auf einen spirituellen Weg.

Genau das sagen uns die spirituellen Wege des Ostens und Westens. Sie mahnen uns, tiefer zu schürfen und den Sinn unserer Existenz in uns selber zu suchen.

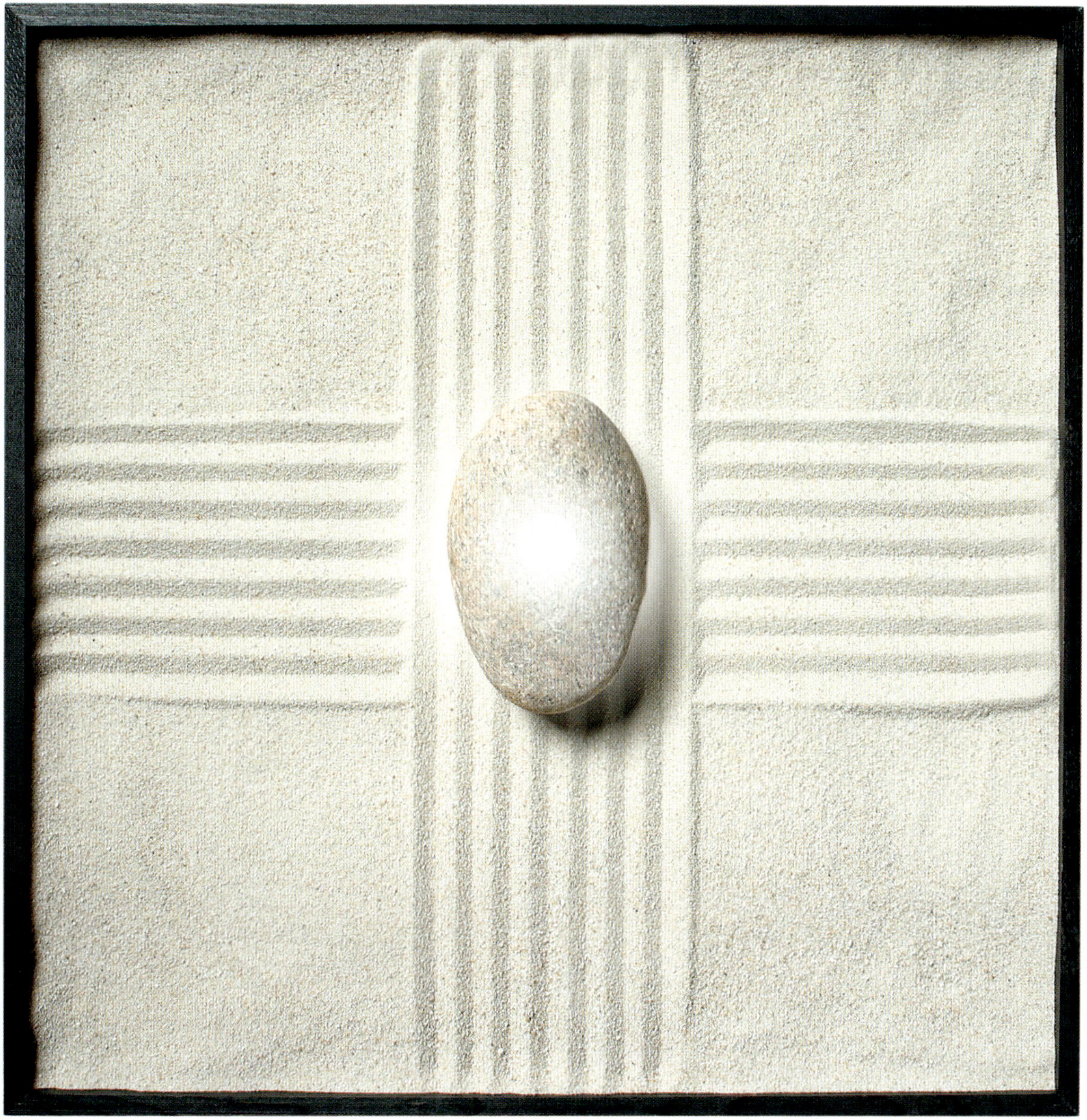

Weitere Bücher aus dem Verlag VIA NOVA

Wohin unsere Sehnsucht führt

2. Auflage

Mystik im 21. Jahrhundert
Ansprachen, Predigten, Inspirationen

Willigis Jäger

Paperback, 328 Seiten
ISBN 3-936486-21-2

Der bekannte Benediktinerpater und Zenmeister Willigis Jäger legt eine Sammlung von Texten vor, die um einen einzigen Themenkomplex kreisen: das Göttliche und den Menschen in seinem Verhältnis zum Göttlichen. Um diese mystische Erfahrung dem Leser nahe zu bringen, macht der Verfasser immer wieder deutlich, dass Jesus die Menschen in diese Fülle des Lebens führen wollte. Er interpretiert die biblischen Aussagen unter diesem Gesichtspunkt völlig neu und vermittelt damit den suchenden Menschen unserer Zeit, die sich von den traditionellen Glaubenslehren nicht mehr genügend angesprochen fühlen, tiefere Einsichten und neue Perspektiven von Gott, Religion und Welt. Gleichzeitig werden aus der mystischen Tiefe kommende Anweisungen und Lebenshilfen für die Bewältigung des Alltags gegeben. Willigis Jäger formuliert das, was er seinen Kursteilnehmern und den Lesern als Wegbegleitung auf dem Weg nach innen zu sagen hat, in einfachen Worten, kurzen, klar verständlichen Sätzen ohne jeden rhetorischen Schmuck.

Das immerwährende Jetzt

Bericht über eine spirituelle Reise nach innen mit Willigs Jäger

Ingeborg Hesse-Nowak

Paperback, 112 Seiten
ISBN 3-936486-22-0

Das Buch „Das immerwährende Jetzt" von Ingeborg Hesse-Nowak ist der Erfahrungsbericht einer äußeren und inneren Reise. Die Autorin meint damit einen Lebensweg mit Stationen, die auf der Landkarte zu finden sind (Schwarzwald, Mexiko, Indien, Würzburg) und zugleich Wegmarken einer Suche und inneren Entwicklung darstellen, die mit den Namen von Martin Heidegger, Dethlefsen, Sai Baba und Willigis Jäger verbunden sind. Letztgenannter wurde schließlich ihr spiritueller Lehrer und Begleiter auf dem Weg nach innen. Es war alles andere als ein einfacher Weg, vielmehr ein Weg mit strahlenden Gipfel-Erlebnissen und dunklen Schluchten. Die Verfasserin beschreibt diesen Weg nach innen, in die Stille, in die Erfahrung des Göttlichen. Sie will ihre Leser ermutigen, diesen Weg gegen alle Zweifel, Nöte sowie inneren und äußeren Widerstände zu gehen. „Dann ist unsere Welt hell, und das Geheimnis des Lebens entfaltet sich in und durch uns."

Erleuchtet leben

Ein Aufruf zur Evolution über das Ego-Bewusstsein hinaus

Andrew Cohen

Vorwort: Ken Wilber

Hardcover, 112 Seiten – ISBN 3-936486-26-3

In 20 Kapiteln behandelt der bekannte amerikanische spirituelle Lehrer Andrew Cohen in Form von Antworten auf spirituelle Fragen das Thema der persönlichen geistigen Entwicklung und wie sie mit der Entwicklung des Bewusstseins der Menschheit zusammenhängt. Bewusstsein kann sich nicht über einen bestimmten Punkt hinaus entfalten, wenn Menschen nicht aus ganzem Herzen und voll bewusst an diesem Prozess teilnehmen. Und damit das geschehen kann, müssen wir uns zur Verfügung stellen. Das Buch bietet einen oft sehr persönlichen Einstieg in spirituelle Fragen. Es verbindet buddhistische und jüdische Betrachtungsweisen mit dem wissenschaftlichen Denken, der Evolutionstheorie und dem ewigen Ruf der Mystik, die zur eigenen Innenschau einlädt. Das Buch möchte ein Begleiter für Suchende auf dem Weg sein, der die Pilger bei ihrer Lebensreise immer wieder auf überraschende und herausfordernde, dabei jedoch freundschaftliche Weise damit konfrontiert, selber Erfahrungen zu machen, eigene Anschauung zu gewinnen, sich dem Leben ganz anzuvertrauen.

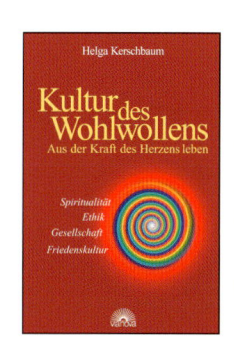

Kultur des Wohlwollens

Aus der Kraft des Herzens leben

Helga Kerschbaum

Vorwort: Willigis Jäger und Ervin Laszlo

Hardcover, 192 Seiten
ISBN 3-936486-45-X

Die Kultur des Wohlwollens will in einer Zeit der Pluralitäten, Multipolaritäten und Spaltungen ein Bewusstsein für das „allen Gemeinsame" bilden und auch jene Einheit bewusst machen, die erst alle Vielheit schafft. Sie sucht das Verbindende, die gemeinsame Wurzel der Kulturen und Religionen. Sie beruht auf einem Wohlwollen, das in der Spiritualität grundgelegt ist und auch als „aktives Mitgefühl" bezeichnet werden kann. „Kultur des Wohlwollens" beschreibt das kultur- und religionsübergreifende Urmuster des allem zugrunde liegenden Seins. Aus diesem wird eine Ethik, die zu Handlungsweisheit führt, entwickelt. Aus einer holistischen Weitsicht und den großen spirituellen Menschheitserfahrungen werden jene Segenswerte formuliert, die zu den fundamentalen Bedürfnissen gelungenen Lebens gehören. „Darin liegt aber gerade die Stärke dieses Buches, dass es Einsicht und Motivation bringt, die aus der Tiefe unseres Menschseins kommen. Die Liebe und die Sorge um unsere Spezies hat dieses Buch geschrieben." Willigis Jäger

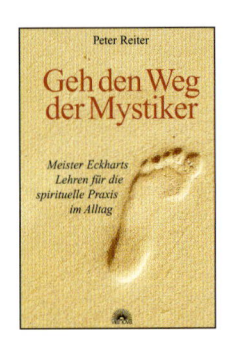

Geh den Weg der Mystiker

Meister Eckharts Lehren für die spirituelle Praxis im Alltag

Peter Reiter

Hardcover, 304 Seiten
ISBN 3-936486-37-9

Noch nie war Mystik so spannend, so aufregend! Zeitgemäß, lebendig und alltagsorientiert vermittelt der Meister-Eckhart-Experte Peter Reiter die Lehre des größten deutschen Mystikers – exemplarisch für alle mystischen Traditionen. Die Kraft und Inspirationen der Lehre Meister Eckharts werden hier so vermittelt, dass sie direkt ins Herz des Lesers fließen. Schritt für Schritt begleitet Peter Reiter den Suchenden an den Ort, wohin der alte Meister schon seine Zuhörer führte: zur unmittelbaren Erfahrung des All-Eins-Seins inmitten der Welt, ins Hier und Jetzt! In allen Lebensbereichen kann das Göttliche geahnt, gefühlt und erfahren werden. Der Weg zum Ziel führt mit entsprechenden Übungen über verschiedene Etappen: Mitgefühl mit allem Sein, leben in Gelassenheit, Widerstand aufgeben, die Welt annehmen, Verantwortung übernehmen, Altes bereinigen, Bewerten und Verurteilen sein lassen, mit Trauer und Leid umgehen und die Liebe leben. Die Übungen im Geiste Eckharts stammen aus verschiedenen mystischen Schulen und geistigen Traditionen.

Der Weg zum Christus-Bewusstsein

Eine Landkarte für spirituelles Wachstum in die Tiefe der Seele

Jim Marion

Vorwort: Ken Wilber

Hardcover, 296 Seiten – ISBN 3-936486-27-1

Gestützt auf das Werk des bekannten Bewusstseinsforschers Ken Wilber und auf das Modell der stufenweisen Bewusstseinsentwicklung, zeichnet der Verfasser unter Berücksichtigung der neuesten Erkenntnisse auf dem Gebiet der Psychologie, aber auch des Neuen Testaments und so bedeutender christlicher Mystiker wie Teresa von Avila und Johannes vom Kreuz eine Karte, die uns Schritt für Schritt zu dem Bewusstsein hinführt, das Jesus als das Reich Gottes bezeichnete – zur höchsten Stufe der spirituellen Entwicklung des Menschen. Das Buch will zeigen, dass Jesu Lehren und auch sein Tod und seine Auferstehung uns den Weg zu diesem inneren Reich weisen sollten, und dass wir, wenn wir Christus in diesem Reich Gottes begegnen wollen, dies tun müssen, solange wir als Menschen hier auf dieser Erde leben. Ken Wilber schreibt in seinem Vorwort: „Das Buch ist eine wahrhaft inspirierende Offenbarung und ein behutsamer Führer in die tiefsten Bereiche unserer eigenen Seele."

Im Brennpunkt: Geld & Spiritualität

Ist die Krise der materiellen Welt überwindbar?

Hans Wielens

Vorwort: Willigis Jäger

Paperback, 272 Seiten, 28 Graphiken
ISBN 3-936486-49-2

In diesem Buch wird die Krise unserer Gesellschaft als Orientierungs- und Sinnkrise der materiellen Welt verstanden. Wir haben eine künstliche Welt geschaffen, die von Äußerlichkeiten und von einem Machbarkeitswahn geprägt wird. Erforderlich ist daher eine integrierende Spiritualität, die Geld und Wirtschaft als einen positiven Teil unserer Wirklichkeit versteht und die diese mit der spirituellen Dimension vernetzen und verbinden kann. Das Buch ist spannend für spirituelle Menschen, weil sie mit dem wirklichen Wesen des Geldes vertraut gemacht werden, dem wir unsere Individualität und wirtschaftliche Freiheit zu verdanken haben. Es ist wichtig für alle Führungskräfte der Wirtschaft, weil es Wege aufzeigt, wie sie sich voll und authentisch in ihre Unternehmen einbringen können, in deren Eigeninteresse es liegt, sich stärker wertorientiert zu verhalten und sich nach einer Ethik des Seins auszurichten, um dann auch wirtschaftlich bessere Ergebnisse zu erreichen. Das Buch wird heftige Diskussionen hervorrufen und einen interdisziplinären Dialog auslösen.

Aufbruch nach Hause

Frauen unterwegs zu sich selbst

Ein spirituelles Praxisbuch für die Reise der inneren Heldin

Sabine Treeß

Paperback, 353 Seiten
ISBN 3-936486-46-8

Ganz gleich, ob sich die Leserin gerade in einer Phase des Umbruchs befindet oder sich einfach nach neuen Perspektiven sehnt: „Aufbruch nach Hause" ist ein kompetenter und zuverlässiger Begleiter auf dem Weg zu einem authentischen und erfüllten Leben als Frau. Diese spannende Reise führt durch zwölf Stationen, die die Leserin einladen, ihr Leben symbolisch nachzuvollziehen. Sie ist eingeladen, Schritt für Schritt wesentliche Elemente ihres Weges aus einer neuen Perspektive zu erleben, in der Tiefe zu verstehen und zu heilen. „Aufbruch nach Hause" gibt Frauen eine Chance, ohne großen zeitlichen Aufwand ihrem Bedürfnis nach Selbsterforschung und innerer Heilung nachzugehen. Das Buch ist ganz bewusst auch für Frauen konzipiert, die im Alltag durch Beruf, Partnerschaft, Kinder oder andere familiäre Verpflichtungen nur wenig Zeit für sich haben. „Aufbruch nach Hause" macht Frauen Lust und Mut, auf eigene Faust ihre inneren Welten zu erforschen, um zu entdecken, was es bedeutet, in sich selbst als Frau zu Hause zu sein.